口袋指南

布里斯班和黄金海岸

必游景点 · 本地体验 · 轻松出发

本书作者

保罗·哈丁（Paul Harding）

克里斯蒂安·博内托（Cristian Bonetto）

唐娜·惠勒（Donna Wheeler）

中国地图出版社

本书特色

轻松计划行程
全方位了解目的地，
助你规划精彩行程

行前参考
贴心贴士让旅途
更轻松

区域速览
精准评价地域特色

探索布里斯班和黄金海岸
分区域介绍
最佳看点和活动

顶级景点
不可错过的精彩

当地生活
体验原汁原味的
目的地

生存指南
贴心建议助你
体验无忧旅程

当地交通
像本地人一样四通八达

实用信息
包括住宿在内的
详尽贴士

特别呈现
作者的优选内容
让旅行体验更深入

最佳徒步游览
步行游览城市

值得一游
有亮点的公园

通过下列符号找到该区域的最佳选择:

- ◎ 景点和活动
- ✗ 就餐
- ♀ 饮品
- ☆ 娱乐
- 🔒 购物

下列符号所代表的都是重要信息:

♪ 电话号码	♛ 适合家庭
⊙ 营业时间	允许携带宠物
P 停车场	🚌 巴士
🚭 禁止吸烟	⛴ 轮渡
@ 上网	M 地铁
📶 无线网络	S 地铁
✦ 素食菜品	有轨电车
📖 英语菜单	🚆 火车

地图标识助你快速找到需要的信息:

Lonely Planet
《布里斯班和黄金海岸》

　　Lonely Planet口袋指南专为渴望轻松前往目的地的你而精心打造。

　　在本书中,你会找到布里斯班和黄金海岸所有的必游景点,我们的独家建议会让你的旅行更加难忘。书中将该地区划分成几个合理的区域,通过地图清晰标示出所有地点,并有资深作者通过实地调研,为你呈现徒步、美食、夜生活和购物等本地精华所在。若你还想探索更多,我们的"当地生活"章节将为你推荐一些不为人知的精彩路线,帮助你深入体验原汁原味的目的地。

　　此外,书中的实用信息将令你的旅行更加轻松顺利。有趣的短途游览路线、明晰的当地交通信息,甚至各地不同的小费标准,在这本小书中都有提及。

　　这会确保你获得非常好的旅行体验。

我们的承诺

　　我们的工作就是让你拥有完美旅程。在写作每一版指南之前,Lonely Planet的作者都会实地考察、亲身体验。请放心,我们一贯实事求是,从不接受他人馈赠而为之宣传。

轻松计划行程 7

顶级景点 8
布里斯班和
黄金海岸最佳 12
当地生活 30
每日行程 32
行前参考 34
区域速览 36

探索布里斯班和黄金海岸 39

- **40** 布里斯班中部
- **60** 南岸
- **82** 佛特谷
- **98** 新农场
- **112** 袋鼠角和乌龙戈巴
- **122** 冲浪者天堂和主海滩
- **130** 伯利角和库兰宾

生存指南 147

出发前 148
抵达布里斯班和
黄金海岸 149
当地交通 150
实用信息 152

特别呈现

值得一游

德阿吉拉尔国家公园 58
黄金海岸主题公园 120

最佳步行游览

中央商务区至南岸 142
布里斯班中部 144

幕后 155
索引 156
我们的作者 167

轻松计划行程

顶级景点 **8**

**布里斯班和
黄金海岸最佳** **12**

就餐 12

活动 14

夜生活 16

LGBT场所 18

音乐 19

娱乐 20

体育活动 22

免费场所 23

购物 24

市场 26

儿童旅行体验 28

景观 29

当地生活 **30**

每日行程 **32**

行前参考 **34**

区域速览 **36**

欢迎来布里斯班和黄金海岸

布里斯班不再满足于停留在悉尼和墨尔本的光环之下,它颠覆了人们对其固有的刻板印象,令批评家们倍感惊讶。欢迎来到澳大利亚新的亚热带"时尚之地"。再往南走一点就是欢乐的黄金海岸,那里拥有得天独厚的阳光、海浪和美景。这座海岸可能是澳大利亚最具标志性的度假胜地。

夕阳西下时布里斯班的城市天际线
F11PHOTO/SHUTTERSTOCK ©

顶级景点

市政厅（见42页）

布里斯班的"人民宫殿"建于20世纪20年代。

顶级景点 9

现代艺术美术馆(见62页)

澳大利亚最大的现代和当代艺术画廊。

10 顶级景点

布里斯班发电站
（见100页）
　　一个充满活力的文化中心，聚集了许多极具创造力和热爱艺术的人群。

南岸公园（见64页）
　　闪闪发光的沙子、摇曳生姿的棕榈树和清澈透明的海水。

黄金海岸主题公园
（见120页）

　　惊险的游乐设施、水上滑梯、电影布景和梦幻般的游乐场。

德阿吉拉尔国家公园
（见58页）

　　徒步、露营，尽情享受大自然和观看野生动物。

布里斯班和黄金海岸最佳
就餐

布里斯班的饮食业日趋繁荣——国内美食评论家和与时俱进的吃客对此心知肚明。从新派澳式美味到路边餐车,这座城市提供的各种珍馐越发受人青睐。值得注意的是,越来越多的餐馆融合了高端烹饪的复杂过程,以及一种轻松随意的氛围——不可磨灭的布里斯班氛围。饿了吗?我想你应该饿了。

餐车

沿街售卖的快餐车越来越多,提供优质快餐,从卷饼、排骨、鸡翅和汉堡,到木柴烤比萨、巴西热狗和马来西亚沙嗲串,应有尽有。www.bnefoodtrucks.com.au 罗列出布里斯班的餐车。从周二至周日,Fish Lane举办Eating at Wandering Cooks。

烹饪课程

考虑在该市的烹饪学校预订一门课程,那里大多数课程都为几个小时。佛特谷是詹姆士街烹饪学校(见87页)的所在地,它位于美食区詹姆士街市场的上方。稍远一点的纽斯特德是 **Golden Pig Cooking School & Cafe**(☏07-3666 0884;www.goldenpig.com.au;38 Ross St, Newstead;4小时烹饪课程 $165;⏰咖啡馆 周一 7:30 至正午,周二至周五 至14:00;🚌300、302、305)的所在地,它由一位有成就的厨师经营,他曾在一些澳大利亚声誉最好的餐厅工作过。

一般来说,课程至少要提前一周预订。

餐馆

Urbane 仅有的两家三星级重量餐馆之一,提供8道菜的品尝菜单。(见51页)

1889 Enoteca 当地风味的菜肴,如猪肉茴香香肠团子,拥有一种意大利风格的优雅氛围。(见117页)

Billykart West End 时尚的小餐馆供应各式菜肴,澳大利亚-亚洲风味的香辣蛋很受欢迎。(见74页)

Gauge 精致的现代风味美食,可以尝一尝美味的黑蒜茚面包。(见73页)

Longtime 这家热闹的餐馆位于小巷里,供应经典与现代相碰撞的泰国菜肴,尝一尝软壳蟹包搭配亚洲卷心菜沙拉。(见89页)

Les Bubbles 提供美味的牛排和无限量的薯条和

布里斯班和黄金海岸最佳 就餐

Eat Street Markets

沙拉。(见89页)

Stokehouse Q 成排的铺着亚麻桌布的桌子,以及河流和城市天际线的梦幻美景,还有经典甜点Bombe。(见75页)

E'cco 二星级的法式小馆很有魅力,留些肚子品尝新鲜出炉的巧克力饼干。(见90页)

Julius 热闹而现代的环境,供应木火烤比萨和完美的意大利面。(见74页)

Cha Cha Char 以其木火烤制的优质澳大利亚牛排而闻名。(见51页)

咖啡馆和快餐

King Arthur Cafe 用一流的当地农产品烹制的早餐和午餐。(见84页)

Miel Container 让人称赞有加的汉堡。(见49页)

Tinderbox 一个隐蔽的地点,供应精致的比萨饼。(见90页)

Sourced Grocer 在这个后工业化的咖啡馆兼供应商,吃到和买到当地的食材。尝尝爽心美食卷心菜煎饼。(见103页)

Morning After 这是一个充满活力、通风的空间,提供新鲜的咖啡。(见72页)

Felix for Goodness 极具艺术气息的地方,有着工业风格的装修和轻松氛围。(见49页)

值得一游

极受欢迎的**Eat Street Markets**(☎07-3358 2500;www.eatstreetmarkets.com;99 MacArthur Ave, Hamilton;门票 成人/儿童 $2.50/免费,餐 $10起;◎周五和周六16:00~22:00;🚢Bretts Wharf)是布里斯班人气很旺的街头夜市。船运集装箱改造而成的摊位纵横交错,如迷宫一般,美食琳琅满目,从新鲜去壳的牡蛎到烟雾缭绕的美国烤肉和土耳其夹心烙饼(gözleme),再到现场乐队音乐,应有尽有。

布里斯班和黄金海岸最佳
活动

布里斯班的亚热带气候促进了体育活动的开展，包括自行车、攀岩、游泳、皮划艇等。在许多情况下，这些活动为人们提供了欣赏城市的最佳视角。你可以在www.brisbane.qld.gov.au/facilities-recreation/sports-leisure/walking/walking-trails找到一系列精彩的艺术活动和城镇周围的传统小径。

在布里斯班骑行

尽管丘陵较多，这里仍拥有超过900公里的自行车道，包括布里斯班河沿线的道路。你可以从城市植物园出发，穿越好远桥，一直骑到昆士兰大学。关于城镇周围自行车的骑行路线和活动信息，请浏览免费的订阅式网站www.cyclingbrisbane.com.au。

飞到很远的地方

乘热气球是一种观赏城市、海岸和内陆的极好方式。一小时的飞行通常在黎明前开始。回到陆地上，你可以享受一顿含有香槟的早餐。运营商包括布里斯班的**Fly Me to the Moon**（☎07-3423 0400; www.brisbanehotairballooning.com.au; 成人/儿童 含热气球 $250/220起）和冲浪者天堂的Balloon Down Under（见126页）。

更有冒险精神的旅行者可以尝试跳伞。超级刺激的双人跳伞从1.2万英尺的高空俯冲而下，自然降落在海滩上；在布里斯班，可以选择**Skydive Brisbane**（☎1300 663 634; www.skydive.com.au; $300起）；在黄金海岸，可以选择**Gold Coast Skydive**（☎07-5599 1920; www.goldcoastskydive.com.au; 1/78 Musgrave St, Kirra Beach; 双人跳伞 $355起）。

☑ 独家贴士

▶布里斯班的共享自行车项目被称为**City-Cycle**（☎1300 229 253; www.citycycle.com.au; 出租 30分钟内免费, 31分钟至1小时 $2, 之后每多30分钟 $5; ⏰24小时）。要想使用它，先在网站注册（每天/周 $2/11），然后就可以在市区周围150家租赁点租借自行车（收取额外费用）。充分利用每辆车前30分钟的免费时间吧——可以从一个站骑到另一个站，然后换车继续前行。

布里斯班和黄金海岸最佳 活动

Story Bridge Adventure Climb（见115页）

游泳

街道海滩 澳大利亚唯一一个人工的内城海滩,它位于南岸,有救生员。(见65页)

Valley Pool 室外的温水游泳池,是一个必去的地方。(见85页)

Spring Hill Baths 古雅的游泳池,已经拥有130年的历史,是布里斯班的第一个游泳池。(见48页)

Currumbin Rock Pools 天然的内陆游泳洞,拥有绿草茵茵的河岸。(见135页)

冲浪和皮划艇

澳大利亚皮划艇探险 划皮划艇前往南斯特拉德布罗克或雪佛龙岛。(见126页)

夏恩·霍兰冲浪学校 与前职业冲浪手夏恩·霍兰一起乘风破浪。(见126页)

攀岩

Story Bridge Adventure Climb 全程2小时,攀爬大桥的南半段,最后到达蜿蜒混浊的布里斯班河上方80米处。每月最后一个周六举行黎明攀爬。(见115页)

Riverlife 攀岩、绳降、皮划艇和轮滑。(见115页)

Urban Climb 一面大型室内攀岩墙,还有可能是澳大利亚最大抱石墙。(见72页)

Pinnacle Sports 攀登袋鼠角悬崖或进行绳降。(见119页)

值得一游

1.5小时的团队游**XXXX Brewery Tour**（☎07-3361 7597; www.xxxx.com.au; Black St和Paten St交叉路口, Milton; 成人/儿童 $32/18; ➘375、433、475)展示了工厂的酿酒过程,包括品尝几种祛湿的啤酒。团队游周一至周五每天组织4次,周六组织9次。在周四的10:30还提供其联合啤酒厂和**Suncorp Stadium团队游**(成人/儿童 $48/28)。如果你喝得不过瘾,这里还有一个酒馆。

布里斯班和黄金海岸最佳
夜生活

布里斯班的酒吧行业已经发展成熟，出色而又与众不同的饮酒场所提供各种酒水，从自然发酵葡萄酒和本地佳酿赛松啤酒（saison），到掺杂本土食材的金汤力，应有尽有。这座城市的现场音乐行业同样兴盛繁荣，佛特谷、西区（West End）和市区拥有久负盛名的场馆，推出国内外令人瞩目的杰出表演。小贴士：随身携带配有照片的身份证件。

一边喝酒，一边欣赏风景

布里斯班宜人的气候和"布里维加斯"（Brisvegas）的天际线使这里成为屋顶酒吧、河滨露台和喧闹的啤酒花园的完美所在地。在屋顶酒吧中，首屈一指的是Eleven（见91页），那里可以看到纤细的城市塔和遥远的库特塔山的迷人景色。Sazerac Bar（见54页）是布里斯班最高的酒吧，可以俯瞰城市中的地标性景观。而Mr & Mrs G Riverbar（见54页）则提供调制完美的鸡尾酒，拥有一种摩洛哥风情，可以看到无懈可击的摩天大楼和水景。

黄金海岸泡吧

黄金海岸以夜生活闻名，但除了营业到凌晨4:00的夜店区之外，其余地方的夜晚都睡意十足（可能是因为当地人早早就开始冲浪了）。传统的啤酒棚和冲浪俱乐部是社区中心，但这里出现了越来越多的国际葡萄酒酒吧、时髦的鸡尾酒会和日光浴露台，尤其是从宽阔海滩（Broadbeach）到新南威尔士州的边界。啤酒销售非常严格，有许多小型的自酿酒吧和备受欢迎的啤酒屋。

☑ 独家贴士

▶ 佛特谷被称为布里斯班夜生活的中心，有好评如潮的葡萄酒吧、鸡尾酒吧和屋顶酒吧，还有巨大的夜店，但它并不是城里唯一有夜生活的地方。

▶ 可以到布里斯班中部和南岸的河滨酒吧和手工酒吧试一试；新农场也有许多备受赞誉的精酿啤酒坊；而袋鼠角则有许多鸡尾酒吧和葡萄酒吧。

▶ 在黄金海岸，冲浪者天堂是体验夜生活的好地方。

布里斯班和黄金海岸最佳 夜生活

酒吧

Gerard's Bar 新颖的葡萄酒、无可挑剔的酒吧小吃和时尚的新布里斯班氛围。(见91页)

Maker 一家袖珍酒吧,提供令人振奋、精心制作的饮品。(见76页)

Bar Alto 一家悠闲的河畔酒吧,位于艺术气息浓厚的前布里斯班发电站内。(见109页)

Eleven 首屈一指的屋顶酒吧,那里可以看到纤细的城市塔和遥远的库特塔山。(见91页)

Gresham Bar 下班后人群的最爱,拥有传统特色。(见53页)

自酿酒吧

Newstead Brewing Co 在他们的酿酒仓库里细细品酒。(见110页)

Green Beacon Brewing Co 备受赞誉、现场制作的啤酒、季节性酒品和特别酒品。(见109页)

Burleigh Brewing Company 现场音乐和当地餐车,更不用说24小时供应的伯利角啤酒了。(见139页)

Balter 这家新的啤酒坊由冲浪明星Mick Fanning、Joel Parkinson、Bede Durbidge和Josh Kerr经营。(见138页)

鸡尾酒吧和葡萄酒吧

APO 瓶装的单批发酵鸡尾酒和有趣的搭配。(见91页)

Canvas Club 位于一条小村庄风格的街道上,可以俯瞰乌龙戈巴,供应精致的鸡尾酒。(见118页)

Cru Bar & Cellar 又长又世俗的酒单,包括杯装的"Holy Grail"。(见93页)

Greenglass 供应小批量的澳大利亚酒品。(见50页)

Cambus Wallace 光线昏暗、气氛十足、海洋风格的酒吧,有黄金海岸的经典鸡尾酒。(见138页)

小酒馆

Coolangatta Hotel 库尔加塔夜间场景的中心,这家巨大的酒馆有现场乐队和周日活动。(见141页)

Breakfast Creek Hotel 布里斯班的经典,拥有各种吧台和就餐区,包括一处啤酒花园、一处朗姆酒吧和一座装饰艺术风的"私人酒吧",那里每天正午刺穿木桶。(见94页)

值得一游

外部带有铁质网状装饰,美丽胜过婚礼蛋糕,建于1874年的**Regatta Hotel**(📞07-3871 9595; www.regattahotel.com.au; 543 Coronation Dr, Toowong; ⏰6:30至次日1:00; 🚢Regatta)是布里斯班的一个亮点(见左上图)。正对Regatta CityCat渡轮码头,它的饮酒场所经过修缮,包括一个光洁现代的主酒吧、一个华丽时髦的户外庭院和一个名叫Walrus Club(营业时间:周四至周六 17:00至深夜)的地下酒吧。

18 布里斯班和黄金海岸最佳 LGBT场所

布里斯班和黄金海岸最佳
LGBT场所

虽然布里斯班的LGBT规模要比悉尼和墨尔本小很多,但是仍然拥有一部分引以为豪的LGBT人士。定期举行的大型活动包括Melt、同性恋电影节和布里斯班同性恋游行。

酒吧和夜店

Wickham Hotel 这座豪华酒店一直吸引着同性恋、双性恋及变性者前来休闲、饮酒。(见94页)

Beat MegaClub 有大量的同性恋人群,定期举办变装秀,还有一个专门的酒吧——Cockatoo Club。(见95页)

Family 这家大型俱乐部的周日"毛茸茸"("Fluffy")跳舞派对是一大活动,有布里斯班年轻、热情的同性恋人群参与。(见92页)

节日

Melt(www.brisbanepowerhouse.org/festivals)一场刺激的、针对同性恋文化的庆祝活动,持续12天,其间推出同性恋戏剧、卡巴莱歌舞、舞蹈、喜剧、马戏节目和视觉艺术,举办地在布里斯班发电站,时间为1月和2月。

布里斯班同性恋游行(Brisbane Pride Festival; www.brisbanepride.org.au)9月拉开帷幕,是澳大利亚第三大LGBT节日,将持续四个星期,包括骄傲大游行和集市日。

同性恋电影节(Queer Film Festival; www.brisbanepowerhouse.org/festivals/brisbane-queer-film-festival)这个为期10天的电影盛宴在3月举行,展示来自世界各地的LGBT电影,既有当代电影,也有经典电影。

☑ 独家贴士

▶ 如需获取当前娱乐和活动列表、采访内容以及有关文章,可以参考Q News(www.qnews.com.au)和Blaze(www.gaynewsnetwork.com.au)的网站。

▶ 亦可收听Queer Radio(每周三 21:00~23:00; www.4zzzfm.org.au),它是一个广播节目,通过4ZZZ(FM102.1)播放——另一个布里斯班同性恋信息来源。女同信息和评论节目Dykes on Mykes早于Queer Radio(周三 19:00~21:00)。

布里斯班和黄金海岸最佳
音乐

布里斯班对现场音乐的热爱,早在三名来自雷德克利夫(Redcliffe)又高又瘦的小伙子们唱和声的时候就开始了,他们称自己为"Bee Gees"(蜜蜂精灵)。近年来这里举行了多次成功的表演,包括Veronicas、Violent Soho、DZ Deathrays和Hey Geronimo,他们展示了布里斯班音乐的多样性和演变。在小酒馆和较小场馆观看现场音乐表演的费用起价在$5左右。

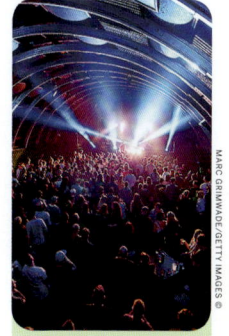

现场音乐场地

The Triffid 有热门乐队的演出,表演场地是一个"二战"飞机库,其老板是一位作品丰富的本土乐师。(见109页;见右图)

The Zoo 从民谣和独立摇滚到重嘻哈,许多才俊在佛特谷表演。(见95页)

The Foundry 在一个专门为乐队和艺术家打造的中心,有许多新出道的、新兴的本土人才。(见88页)

Brooklyn Standard 在地下酒吧,从放克音乐和灵魂音乐,到蓝调音乐和摇滚乐,应有尽有。(见52页)

Riverstage 在植物园里,露天舞台上有大量音乐表演。(见55页)

Brightside 现场另类摇滚。(见96页)

Lefty's Old Time Music Hall 在一个摇滚风的红彤彤的场地上表演乡村和西部音乐。(见54页)

Brisbane Jazz Club 自1972年以来一直是布里斯班爵士乐的标志地点,就在河口外面。(见119页)

Lock 'n' Load 一群欢快的音乐爱好者前来观看爵士乐、原声乐器、草根音乐、蓝调音乐和灵魂音乐的表演。(见78页)

Max Watt's House of Music 兼容并包的当地和国际人才在这个温馨的音乐室中表演。(见78页)

☑ 独家贴士

▶ 比这个城市的主要舞蹈俱乐部和派对场地更棒的是一些举行活动和派对的地下场所,一些在电子音乐领域最热门人物会在那里表演。

Subtrakt Events (www.subtraktevents.com)

The Kush Club (www.facebook.com/TKCBNE)

A Love Supreme (www.alovesupreme.co)

Auditree (www.facebook.com/auditree)

Wildlife Recordings (www.wildliferecordings.com)

布里斯班和黄金海岸最佳
娱乐

大多数大型国际乐队都在关注布里斯班,这个城市定期举办顶级DJ表演。世界级的文化场所——其中包括昆士兰表演艺术中心和布里斯班发电站——提供全年的戏剧、舞蹈、音乐、喜剧等表演。电影作品从主流电影到艺术片,放映地点从多屏影院到市中心的公园,均多种多样。

电影院

布里斯班是众多电影院的所在地,其中包括位于布里斯班中部的主流多厅影院**Myer Centre**(☏07-3027 9999; www.eventcinemas.com.au; Level 3, Myer Centre, Elizabeth St; 成人/儿童 $18.50/13.50; ⊙9:45至午夜; ▣Central)。新农场是最近翻修过的New Farm Six Cinemas(见110页)的所在地,主要放映主流新电影。现代艺术美术馆(见62页)在其专门建造的澳大利亚电影院中运作着一个能激发人灵感的项目,播放各国晦涩、前卫的艺术电影及视频。

在星空下

在布里斯班度过一个温暖夏夜最好的方法之一就是带着野餐篮,和一些朋友在户外电影院看一场电影。Moonlight Cinema(见110页)位于布里斯班发电站附近的新农场公园里,12月至次年3月上旬运营。南岸的Ben & Jerry's Openair Cinemas(见78页)在南岸公园的Rainforest Green放映经典老片儿和最新上映的电影。

☑ 独家贴士

▶可以在**The Music**(www.themusic.com.au)找到娱乐新闻和活动列表,而在**Q News**(www.qnews.com.au)可以找到LGBT活动。

▶**Ticketek**(www.ticketek.com.au)是一个负责重大活动、体育赛事和表演的中央预订机构。在**Qtix**(www.qtix.com.au)可以找到高级艺术表演的信息。

表演艺术

昆士兰表演艺术中心 布里斯班顶级艺术场所,上演高品质的澳大利亚和国

布里斯班和黄金海岸最佳 娱乐

际戏剧。(见77页;见上图)

布里斯班发电站 在颇有戏剧性的工业环境中上演当地和外来的独立演出。(见100页;左上图)

朱迪丝·赖特当代艺术中心 以融合众多元素的本土作品而闻名,这些元素包括卡巴莱表演、舞蹈乃至杂技艺术。(见95页)

Metro Arts Centre 城市中心的非主流、实验和另类表演。(见55页)

黄金海岸艺术中心 黄金海岸艺术中心是内兰河边的文化礼仪城堡,有两家影院,一家餐厅,一个酒吧,黄金海岸城市画廊及可以容纳120人之多的剧院。(见129页)

歌剧

Underground Opera 布里斯班一个职业的表演艺术公司,组织一年一度的歌剧和百老汇音乐演出季。(见54页)

戏剧

Paddo Tavern 定期举办一流的脱口秀,有当地、国内和国际表演者。(见56页)

布里斯班发电站 每年都有无数的脱口秀表演,也是一年一度的布里斯班喜剧节的举办中心。(见100页)

 值得一游

拥有6个屏幕的豪华**Palace Barracks**(☎07-3367 1954; www.palacecinemas.com.au; 61 Petrie Tce, Petrie Terrace; 成人/优惠/儿童 $19/14.50/13; ⊙10:00至深夜; ☐375, 379)位于罗马街站(Roma St Station)附近的Barracks Centre里面,带有一个酒吧,供应主流和另类食物。这里还会在7月举办一年一度的斯堪的纳维亚电影节,并在9月/10月举办意大利电影节。周一可以买到打折票。

布里斯班和黄金海岸最佳 体育活动

布里斯班和黄金海岸最佳
体育活动

和其他大多数澳大利亚人一样，布里斯班人也都是体育迷。你可以在袋鼠角以南的The Gabba观看州际和国际板球比赛。板球赛季从9月下旬持续到次年3月；如果你是新手，试着去观看一场20/20的比赛——最具爆发力的板球比赛。

观赏运动

The Gabba 这个体育场位于袋鼠角以南的乌龙戈巴。来到此处，可为澳式橄榄球联赛（AFL）以及各州之间和国际板球赛事加油喝彩。（见119页）

布里斯班雄狮队（Brisbane Lions） 布里斯班队在澳式橄榄球联赛的名称。你可以在3月到9月的时候观看他们在The Gabba主场的比赛。

布里斯班野马队（Brisbane Broncos） 橄榄球联赛是布里斯班万人空巷的体育赛事。布里斯班野马队是全澳橄榄球联赛（National Rugby League；简称NRL；www.nrl.com.au）球队之一，会在米尔顿的Suncorp Stadium举办冬季的主场比赛。

布里斯班怒吼队（Brisbane Roar） 布里斯班怒吼队在Suncorp举办比赛，它是甲级联赛（www.aleague.com.au）球队之一。国内赛季从8月持续到次年2月，近年来吸引了大量的肥胖人群（上图为球员Jade North）。

黄金海岸太阳队（Gold Coast Suns） 黄金海岸太阳队是昆士兰州的第二大澳式橄榄球联赛球队，在Carrarra的Metricon Stadium举办主场比赛。

Coolangatta Gold 闻名遐迩的Coolangatta Gold比赛是一项对冲浪救生耐力的艰苦测试。

布里斯班和黄金海岸最佳
免费场所

布里斯班的公园、花园、河滨和历史建筑都可以免费游览。同样,你也可以把钱包留在家里,体验黄金海岸的海滩、国家公园和内陆的步行道。

自然

库特塔山保护区 海拔287米的库特塔山俯瞰着这片辽阔的丛林保护区,这里还有许多植物园和一个天文馆。(见59页)

罗马街公园 世界上最大的亚热带城市园林之一。(见46页)

街道海滩 一个可以快速游览的免费地点。(见65页;见右图)

博物馆和美术馆

现代艺术美术馆 必看的现代艺术美术馆,着重展示20世纪70年代至今的澳大利亚艺术。(见62页)

布里斯班博物馆 一个很好的、紧凑的博物馆,坐落在市政厅。(见43页)

昆士兰科技大学艺术馆 定期更换的澳大利亚当代艺术作品展览,以及由布里斯班艺术生创作的作品。(见48页)

历史建筑

国会大厦 位于城市植物园里面,进入这个法国文艺复兴风格的建筑游览的唯一方式就是参加免费团队游。(见46页)

布里斯班发电站 一个曾经废弃的发电站,被改造成了当代艺术中心。(见100页)

圣约翰大教堂 它是19世纪哥特复兴建筑的迷人代表,2009年才完工。(见47页)

☑ 独家贴士

▶CityHopper,这个免费的市内渡轮每半小时一班,往返于南岸、中央商务区和绿树成荫的新农场。

旧政府大楼 昆士兰州最重要的历史建筑;请致电预约。(见46页)

闲逛

戴维斯公园市场 有机食品和街头艺人。(见66页)

布里斯班和黄金海岸最佳
购物

布里斯班的零售行业真是兼容并包,从上过 Vogue 杂志的高端手提包,到周末市场工艺品,应有尽有。毫不奇怪,这座城市的独立零售商和画廊提供了最好的商品,他们的货架和墙壁上都有一些经过改制的老式连衣裙、前卫的休闲服装、精心雕琢的珠宝、皮革制品、大胆的水墨画和用当地食材制作的优质糖果。准备好了吗,出发吧!

布里斯班漫游

二手书、黑胶唱片、古玩和复古时装——无论是在精品店、百货商店还是跳蚤市场,布里斯班的商品、纪念品和收藏品的种类都多得惊人。如果你是一个书迷,可以前往中央商务区的 Archives Fine Books(见56页)或 Folio Books(见57页)、佛特谷的 Scrumptious Reads(见85页)或西区的 Where the Wild Things Are(见80页)。漫画迷们一定要去 Junky Comics(见67页)看一看。

黄金海岸商场

布里斯班有自己的精品店和市场,黄金海岸也有自己的购物中心。在海滩上玩耍一段时间后,可以进入冷气开放的购物天堂。其中最好的一个是宽敞的 **Pacific Fair**(☎07-5581 5100; www.pacificfair.com.au; Hooker Blvd; ◎周一至周三、周五和周六 9:30~17:00,周四至21:00,周日 10:00~16:00),这是黄金海岸一个经过升级的机构(见上图),或者直接前往冲浪者天堂的 **Circle on Cavill**(www.circleoncavill.com.au; Cavill Ave 和 Ferny Ave 交叉路口, Surfers Paradise; ◎周一至周六 9:00~17:30,周日 10:00~16:00)。

☑ 独家贴士

▶ 购物指南:在中央商务区有许多高档的街边时装连锁店;佛特谷有独立和鉴赏家时装品牌、当地珠宝、令人垂涎的艺术品、可收藏的吉他踏板和唱片;新农场有古玩、复古和原创艺术品;南岸和西区有画廊礼品店、市场摊位、另类书籍和唱片。

杂七杂八

乌龙戈巴古玩中心 一个史诗般的宝库,里面有古老的物品、复古的设计和时装。(见119页)

Fallow 澳大利亚最前卫的男装店之一。(见96页)

布里斯班和黄金海岸最佳 购物

Dogstar（见57页）

Camilla 引人注目、色彩鲜艳、风格各异的服装，足以让美国的顶尖时尚人士惊叹。（见96页）

Noosa Chocolate Factory 杧果口味的巧克力只是这个"威利·旺卡"工厂的序幕。（见56页）

Libertine 稀有、独特、具有历史意义的香水，由优质的自然精华制成。（见85页）

独特的纪念品

布里斯班博物馆 逛一逛博物馆的商店，购买当地制作的珠宝、书籍、商品和古怪的城市主题礼品。（见43页）

New Farm Confectionery 以高品质的原料和热情制作的高端甜点。（见106页）

Young Designers Market 每月市场销售时尚的、当地设计的家居用品、时装和礼品。（见79页）

独特的服装

Maiocchi 来自当地设计师的有趣的、复古风格的礼服。（见56页）

Outpost 为独立、坚持自我的人们设计的时尚工作服和现成的饰品。（见85页）

Dogstar 布里斯班设计的日本风格女装。（见57页；见上图）

音乐

Jet Black Cat Music 一家深受喜爱的西区唱片店，里面有别处难以找到的黑胶唱片、CD和店内私藏。（见67页）

Butter Beats 罕见又物美价廉的唱片，从摇滚乐和雷鬼音乐，到迷幻音乐、嘻哈音乐、放克音乐等都有。（见97页）

Record Exchange 位于中央商务区，有大量稀有、可收藏和令人惊艳的LP指南和CD。（见57页）

Tym Guitars 一家备受喜爱的吉他和电吉他商店，还销售一些鲜有人知的朋克、斯托纳和迷幻音乐唱片。（见97页）

布里斯班和黄金海岸最佳
市场

一些农贸市场每周开业,为布里斯班中心、新农场和西区的居民提供饮食保障。除此以外,还有其他一系列美妙绝伦的当地市场,出售各种产品,从手工制作的当地服饰和锦衣珠宝,到艺术品、护肤品和开箱即用的礼品,简直包罗万象。游览市场就能获得一半的乐趣,你可以与摊主聊聊天,最后购买他的商品。快去市场的摊位游览吧!

农贸市场

Jan Powers Farmers Market(见49页)每周三当地种植者和工匠汇集于Reddacliff Place出售他们珍爱的产品之时,布里斯班中心呈现一派乡村田园景象。新农场(见101页)每周六还有另一个市场。

美食农贸市场 每周六设于黄金海岸主海滩的Marina Mirage商场会摆满农产品摊位。(见129页)

戴维斯公园市场 这个受人欢迎的周六市场位于莫顿湾一大片无花果树之下。满眼都是新鲜农产品,更不必说那些令人胃口大开、出售各国美味的食摊。(见66页;见上图)

每周市场和临时市场

Finders Keepers Markets 这个市场一年开市两次,包含100多个艺术和设计摊位。开市地点原是19世纪的一个音乐厅,位于城市近郊鲍恩山。(见57页)

布里斯班河畔市场 周日前来,人们轻松惬意地汇聚于城市植物园的北端,加入这个一周一次的市中心食品和手工艺品市场。(见49页)

Collective Markets South Bank 这个市场有许多游客,摊位出售一些绝佳物品,包括精美的皮钱包、凉爽的夏季连衣裙、印刷品、护肤品和当代的手工珠宝。(见81页)

布里斯班和黄金海岸最佳 市场 27

布里斯班的农贸市场

Young Designers Market 本市80多个设计和艺术新星在此展示他们的商品,每月首个周日开市。(见79页)

夜市
Eat Street Markets 这是布里斯班的夜间街头食品市场,由船运集装箱改造而成,有现场乐队提供娱乐活动。(见13页)

Boundary Street Markets 周五和周六晚上,每周两次的集市,有许多餐车和摊位,出售从日本面条到酥脆的薄饼和纯素食甜甜圈等美食。(见81页)

布里斯班和黄金海岸最佳
儿童旅行体验

布里斯班提供了大量娱乐项目,让幼儿和青少年参与进来,包括市中心的海滩活动、攀爬桥梁以及一系列互动画廊和博物馆。

南岸公园 布里斯班最大的公共游乐场,有烤肉架、救生员巡逻的海滩,还有缓慢旋转的全景布里斯班摩天轮。(见64页)

布里斯班轮渡游 欣赏这座城市最享受的方式就是登上一艘CityCat或CityHopper渡轮;CityHopper的服务是免费的。(见150页)

Story Bridge Adventure Climb 对于10岁及以上的孩子来说,可以体验一下攀登布里斯班最著名的桥梁的兴奋感。(见115页)

新农场公园 一座深受喜爱的河滨公园,有带有树屋的游乐场、周末农贸市场和夏季电影。(见103页)

库特塔山瞭望点 登上布里斯班最高的瞭望点,一览城市的地标。(见59页)

库兰宾野生动物保护区 你可以亲手喂食炫彩斑斓的吸蜜鹦鹉、袋鼠,与考拉和鳄鱼合影,观看爬行动物表演和原住民的舞蹈。(见134页;见上图)

Currumbin Rock Pools 安全的天然游泳洞,沿着Currumbin Creek Rd行驶14公里即可到达。(见135页)

☑ 独家贴士

▶了解最新活动,请浏览Child(www.childmags.com.au)的"活动"页面。

▶Visit Brisbane (www.visitbrisbane.com.au)有一个家庭版块,上面列出了活动和旅行路线。

▶在学校放假期间,布里斯班市议会(Brisbane City Council)开展免费和便宜的活动,作为10~17岁儿童的"Chillout"计划的一部分;请参见www.brisbane.qld.gov.au。

布里斯班和黄金海岸最佳 景观

一些人声称布里斯班紧凑但高耸的天际线是澳大利亚首府城市中最美丽的,尤其是当被点亮的建筑倒映在布里斯班河上时。越往高处走,视野就越好:在这里,你将会领略整个黄金海岸和内陆地区的景色。

瞭望点和观景点

危险角灯塔 从这个位于库尔加塔南部的海岬能够欣赏沿海壮丽的景色。(见141页)

天际观景台 如想鸟瞰黄金海岸和腹地,需要登上这个高达230米的观景台。(见126页;见上图)

布里斯班摩天轮 封闭的舱位升高到60米左右,坐在里面可以领略城市360度全貌。(见65页)

德阿吉拉尔国家公园 如果你愿意步行,这个国家公园里有几个很棒的观景点,它们就在城外。(见58页)

酒吧

Eleven 首屈一指的屋顶酒吧,从那里可以看到纤细的城市塔和遥远的库特塔山。(见91页)

Mr & Mrs G Riverbar 这里有调制完美的鸡尾酒、摩洛哥风情,还坐拥无懈可击的摩天大楼和水畔风景。(见54页)

Stokehouse Q 这个高档的地方有一个半露天的酒吧,有一种悠闲的氛围,从这里可以看到迷人的景色。(见75页)

Sazerac Bar 布里斯班最高的酒吧,俯瞰着城市中的地标性景观。(见54页)

热气球

Balloon Down Under 在黎明时乘热气球从冲浪者天堂飞过黄金海岸,最后享用配有香槟的早餐。(见126页)

☑ 独家贴士

▶如果想要欣赏到布里斯班和大市区最好的风景,从城市向西行驶即可到达**库特塔山瞭望台**(Mt Coottha lookout)。如果天气晴朗,你甚至会看到莫顿湾群岛,而且瞭望台是免费的!这个瞭望台位于库特塔山保护区,从市中心开车或乘公共汽车15分钟即可到达。

当地生活

带你体验原汁原味的布里斯班和黄金海岸

深入了解布里斯班和黄金海岸,在当地的街区闲逛,探索咖啡馆和酒吧,在周末市场中搜寻,并前往一些鲜为人知的冲浪点。

西区漫步(见66页)
☑ 手工咖啡和啤酒
☑ 街头艺术

佛特谷一日游(见84页)
☑ 有趣的商店和画廊
☑ 游泳池边的休闲时光

当地生活　31

新农场漫步（见102页）
☑ 河滨漫步　☑ 周末市场和音乐

还有其他很棒的地方，可供体验当地生活：

Jan Powers Farmers Market（见49页）

罗马街公园（见46页）

布里斯班河畔市场（见49页）

Record Exchange（见57页）

Bacchus（见73页）

Palace Centro（见95页）

Borough Barista（见137页）

库尔加塔夜游（见140页）
☑ 独立乐团酒吧　☑ 当地小酒馆和冲浪俱乐部

每日行程

第一天

在西区的独立街道上开始这一天。在 Blackstar Coffee Roasters（见67页）用一杯冷萃咖啡给自己充充电，在 Jet Black Cat Music（见67页）中选购一张黑胶唱片，并在 Avid Reader（见81页）读一本当地的小说。漫步在西区的街道上（尤其是 Vulture St 南部）欣赏乡村风格、外观斑驳的传统昆士兰房屋（Queenslanders），或者沿着 Boundary St 径直前往满是街头艺术壁画的 The Pillars Project（见70页）。

花一个下午的时间去探索布里斯班河畔的南岸。一定要为杰出的**现代艺术美术馆**（见62页）预留出游览时间，也可以进入**昆士兰美术馆**（见71页）探索更为传统的杰作。这两个美术馆都有露天咖啡馆供人们午后休息。沿着河流继续前进，就能到达尼泊尔和平塔的所在地——**南岸公园**（见64页）。

晚饭后，可以乘坐渡轮去欣赏城市的天际线。在 Eagle St 码头下船，那里距离 Brooklyn Standard（见52页）的美酒和蓝调音乐近在咫尺。更近的是海滨的 Mr & Mrs G Riverbar（见54页），那里非常适合睡前小酌。

第二天

在布里斯班充满活力的市中心开始第二天的旅程，花一些时间去探索那里融为一体的新旧建筑。排在首位的是布里斯班令人难忘的**市政厅**（见42页），那里的导览游可以带领你了解其建筑奇迹和高耸的钟楼。预留一些时间参观特别迷人的**布里斯班博物馆**（见43页）。

午餐过后，沿着 George St 往南走，这条街道上点缀着漂亮而经典的建筑遗产，其中包括财政部大楼、豪宅和**国会大厦**（见46页）。沿路前往 Coffee Anthology（见52页）或 John Mills Himself（见53页），然后漫步穿越苍翠而美丽的**城市植物园**（见46页）。

Bar Alto 位于**布里斯班发电站**（见100页）中，它已经被改造成为一个繁荣的文化中心。如果你已经预订了一场演出的话，Bar Alto 将会是一个非常方便的就餐选择。在夏季的几个月里，如果你打算在位于新农场公园隔壁的 Moonlight Cinema（见110页）看一场电影的话，Bar Alto 也同样非常方便。如果没有这样的打算，你可以前往纽斯特德（Newstead），在现场音乐新秀 "It kid" 的 The Triffid（见109页）摇滚一下。

每日行程

没时间？
我们将布里斯班和黄金海岸的所有必游看点融入这些按天规划的行程之中,确保你能在有限的时间内看到布里斯班和黄金海岸最美的一面。

第三天

在Riverlife(见115页)你可以租皮划艇和自行车进行一些河滨活动,也可以预订袋鼠角悬崖上令人眩晕的攀岩冒险。如果想要体验一丝宁静,可以前往附近的乌龙戈巴,在复古的**乌龙戈巴古玩中心**(见119页)放飞自我。做完这些之后,可以穿过城镇前往佛特谷。

探索山谷。在Miss Bond(见85页)购买当地珠宝,在Libertine(见85页)购买罕见的香水,或在Butter Beats(见97页)欣赏老式澳大利亚摇滚,游览高端的Fallow(见96页),欣赏卡内(Kanye)非常令人喜欢的前卫作品。如果要了解文化,可以前往**现代美术学院**(见87页)或袖珍画廊TW Fine Art(见85页)。然后,打扮一下自己,前往屋顶的Eleven(见91页),一边欣赏落日,一边享用马提尼。

根据用餐时间的长短,晚上在山谷的选择也是多种多样的。你可以在**朱迪丝·赖特当代艺术中心**(见95页)观看一场当代舞蹈表演,在Family(见92页)领略一流的DJ表演,或者在Beat Mega Club(见95页)体验一场变装秀,还可以在Palace Centro(见95页)欣赏一场艺术电影。还在等什么呢?

第四天

是时候前往黄金海岸的海滩了。早点出发(夏季太阳在4:30升起),你可以在主海滩一带的任何一片海滩上散步、游泳或冲浪,比如冲浪者天堂、主海滩或宽阔海滩。可以在Bumbles Cafe(见128页)或Providore(见127页)享用一顿健康的早餐和浓咖啡。登上最高的塔来到**天际观景台**(见126页),领略一览无余的海岸和内陆景观,然后在阔水区的Marina Mirage(见129页)享用午餐。

然后可以参加立式桨板课程,也可以前往**库兰宾野生动物保护区**(见134页)或**大卫弗莱野生动物园**(见134页)探访当地的动物。

在Coolangatta Hotel(见141页)的海滩边喝啤酒,稍事停留,或前往伯利角的一家优秀的自酿酒吧或冲浪俱乐部。在Rick Shores(见136页)享用晚餐,并在Justin Lane Pizzeria & Bar(见137页)的屋顶上享受睡前小酌。

行前参考

更多信息
见生存指南（见148页）

货币
澳元（$）

语言
英语

签证
中国公民赴澳旅游需通过澳大利亚签证申请中心申请访客签证（600类别）。

现金
自动柜员机在布里斯班随处可见。大多数酒店、餐馆和咖啡馆都接受信用卡。

手机
澳大利亚的移动网络是GSM网络，有4G服务，所以大多数游客可以在现有的手机上使用澳大利亚的SIM卡，通常会比使用自己国家的SIM卡和昂贵的漫游费更加便宜。中国移动、中国联通和中国电信都支持开通国际漫游，详情请咨询运营商。

时间
澳大利亚东部标准时间（格林尼治标准时间/协调世界时间+10小时），比北京时间早2个小时，昆士兰州不用夏令时。

小费
小费并不是传统澳大利亚礼仪的一部分；但按照惯例，对于餐馆里的良好服务，可以支付10%的小费，也可以给搬运工（服务员）和出租车司机几澳元的小费。

❶ 出发前

每日预算

经济：少于$150
- 宿舍床铺：每晚$25~38
- 汉堡或便宜的澳式餐食：$10~20
- 乘坐公共汽车从城市到西区：$5.60

中档：$150~300
- 中档酒店双人间：$120~200
- 在咖啡馆里吃早餐或午餐：$20~40
- GOMA展览票价：$18~25

高端：高于$300
- 高档酒店双人间：$210起
- 在顶级餐厅就餐：$90起
- 歌剧或戏剧表演：$65~185

网络资源

Lonely Planet（www.lonelyplanet.com/australia/queensland/brisbane）目的地信息、酒店预订、旅行者论坛及其他。

Visit Brisbane（www.visitbrisbane.com.au）布里斯班的官方旅游网站。

Broadsheet Brisbane（www.broadsheet.com.au/brisbane）城市热门地点评论。

Four Thousand（www.fourthousand.com.au）每周的当地活动汇总。

澳大利亚旅游局（Tourism Australia; http://www.australia.cn/zh-cn）官方中文网站。

提前计划

行前3个月 预订房间，特别是在繁忙的节日或节假日期间。

行前1个月 预订主要艺术表演和体育赛事的门票。

行前2周 预订顶级餐厅。

行前参考 35

② 抵达布里斯班和黄金海岸后

从布里斯班机场出发

布里斯班机场（Brisbane Airport; www.bne.com.au; Airport Dr）是通往大布里斯班地区的主要国际门户，有频繁和广泛的国内航班，以及直达新西兰、太平洋岛屿、北美和亚洲的国际航班。

Frequent Airtrain（☏1800 119 091; www.airtrain.com.au; 成人 单程/往返 $17.50/33）提供从布里斯班的两个航站楼到达布里斯班中部的运营服务。停车站包括罗马街站——一条邻布里斯班的长途汽车站。

Con-X-ion（☏1300 370 471; www.con-x-ion.com）提供定期往返于机场和布里斯班城市中心的酒店的运营服务（单程/往返 $20/36）。它还从布里斯班机场开往黄金海岸的酒店和私人住宅（单程/往返 $49/92）。

从黄金海岸机场出发

黄金海岸机场（Gold Coast Airport; www.goldcoastairport.com.au; Longa Ave, Bilinga）位于冲浪者天堂以南25公里处的库尔加塔。

Gold Coast Tourist Shuttle（☏07-5574 5111, 1300 655 655; www.gcshuttle.com.au; 单程 成人/儿童 $22/13）接送乘坐黄金海岸几场航班的游客，前往黄金海岸的大多数住宿地点。还可以前往黄金海岸主题公园。

Con-X-ion Airport Transfers（☏1300 266 946; www.con-x-ion.com）提供接离黄金海岸几场（单程 成人/儿童 $22/13起）、布里斯班几场（单程 成人/儿童 $49/25起）和黄金海岸主题公园的运营服务。

③ 当地交通

🚢 船

CityCat（☏13 12 30; www.translink.com.au; 单程 $5.60; ⊙5:25～23:25）的双体船开往圣卢西亚（St Lucia）和汉密尔顿北岸（Northshore Hamilton）之间的18个渡轮码头。免费的CityHopper渡轮往返于北部码头、南岸、中央商务区、袋鼠角和新农场的Sydney St之间。

Cross River Ferries 连接袋鼠角和中央商务区，以及新农场公园和邻近海岸的诺曼公园。

🚌 公共汽车

在市中心，当地公共汽车的主要站点是地下的皇后街公共汽车站（Queen Street Bus Station）和乔治国王广场公共汽车站（King George Square Bus Station）。

▶CityGlider和BUZ沿着繁忙的道路运营，服务班次频繁。CityGlider和BUZ的车票不能上车购买。可以使用**Go Card**（www.translink.com.au/tickets-and-fares/go-card；起步价 成人/儿童 $10/5起）。

▶免费且可以随上随下的City Loop和Spring Hill Loop公共汽车围绕中央商务区和Spring Hill行驶，主要停车站包括昆士兰科技大学、Queen Street Mall、城市植物园、中央车站和罗马街公园。

🚗 出租车

主要的出租车公司是**Black & White**（☏13 32 22; www.blackandwhitecabs.com.au）和**Yellow Cab Co**（☏13 19 24; www.yellowcab.com.au）。NightLink平价出租车在周五和周六晚上运营。

🚆 火车

TransLink的**Citytrain network**（www.translink.com.au）有6条主要线路。所有的火车都经过罗马街站、中央车站和佛特谷车站。**Airtrain**（☏1800 119 091; www.airtrain.com.au; 成人 单程/往返 $17.50/33）运营服务和Citytrain网络相连。

区域速览

布里斯班中部(40页)
过去、现在和将来都蕴藏在紧凑的布里斯班中部,这里建筑比较杂乱,闪闪发光的摩天大楼俯瞰着传统的美丽建筑。

◉ **重要景点**
市政厅

佛特谷(82页)
佛特谷里挤满了舞厅、小酒馆和摇滚音乐场所,还有艺术画廊和令人兴奋的唐人街,是布里斯班最有趣的角落之一。

南岸(60页)
跨河的南岸致力于创造生活中的美好事物:文化机构、绿色的南岸公园和西区的艺术飞地。

◉ **重要景点**
现代艺术美术馆
南岸公园

Gallery of Modern Art
现代艺术美术馆

City Hall
市政厅

South Bank Parklands
南岸公园

Brisbane Powerhouse
布里斯班发电站

袋鼠角和乌龙戈巴(112页)
在袋鼠角壮观的故事桥和令人眩晕的西部悬崖可以看到布里斯班天际线令人惊叹的景观,而乌龙戈巴则拥有传统的外墙、古董店和极具氛围的餐馆。

新农场(98页)
新农场位于佛特谷的旁边,是一个苍翠繁茂的角落,拥有优雅的昆士兰住宅、现代化的公寓大楼和郁郁葱葱的亚热带花园。

◉ **重要景点**
布里斯班发电站

区域速览

值得一游

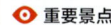 重要景点

德阿吉拉尔国家公园(58页)

黄金海岸主题公园(120页)

冲浪者天堂和主海滩 (122页)
海滩、活动和阳光,每个人都可以在这里找到想要的东西!冲浪者天堂的购物中心和大型俱乐部可以让喜欢派对的孩子玩得很开心,而其他区域,如主海滩和宽阔海滩的海岸也都无比时尚。

伯利角和库兰宾(130页)
伯利角拥有复古的魅力和蓬勃发展的烹饪行业。著名的右手破浪点波涛汹涌,布满松树的美丽海滩陶醉了每一双注视着它的眼睛。

值得一游

当地生活

库尔加塔夜游(140页)

探索
布里斯班和黄金海岸

布里斯班中部.............................	40
南岸..	60
佛特谷....................................	82
新农场....................................	98
袋鼠角和乌龙戈巴.................	112
冲浪者天堂和主海滩..............	122
伯利角和库兰宾.....................	130

值得一游
德阿吉拉尔
国家公园............... 58
黄金海岸
主题公园ˌ............. 120

最佳步行游览
中央商务区至
南岸....................... 142
布里斯班中部........ 144

邮局广场(见142页)
YMGERMAN/GETTY IMAGES ©

探索

布里斯班中部

历史建筑构成了布里斯班市中心的大部分景观，尤其是在George St或其周边地区。罗马街公园和城市植物园分别位于市中心的北部和南部边缘，而它的东部边缘则是一条熙熙攘攘的河滨大道。步行是探索布里斯班中部的最佳方式。

一日游行程

从 **Coffee Anthology**（见52页）买一份早餐外卖，趁天气还未变热，漫步穿越附近的**城市植物园**（见46页；见左图）。在George St上的**昆士兰科技大学艺术馆**（见48页）参观一场展览。George St上的标志性建筑是美丽的传统建筑，包括国会大厦、豪宅和财政部。

午饭后，前往乔治国王广场（King George Square）和布里斯班不朽的**市政厅**（见42页）。你可以考虑加入导览游参观这座建筑，或者至少花上一个小时的时间来探索极具创新精神的**布里斯班博物馆**（见43页）。在那里，你可以以一个全新的视角看待这座城市的过去和现在。从博物馆出发，沿着Adelaide St向东走，右转进入Edward St——该市一流的零售区。

Folio Books（见57页）位于Edward St和Mary St的街角，是城市中最好的书店之一，也是可以阅读当地小说、关于昆士兰州历史或建筑的书籍的一个好地方。再往东一个街区，Mary St变成了Eagle St，在Eagle St你可以看到令人难忘的布里斯班摩天大楼。它的附近是Eagle St码头以及河滨大道。你可以在 **Mr & Mrs G Riverbar**（见54页）吃一片冷却的吐司，休息一下。

探索 41

● 顶级景点

市政厅（见42页）

♥ 布里斯班和黄金海岸最佳

就餐

Miel Container（见49页）

Felix For Goodness（见49页）

Urbane（见51页）

Cha Cha Char（见51页）

饮品

Gresham Bar（见53页）

Mr & Mrs G Riverbar（见54页）

Brooklyn Standard（见52页）

购物

Noosa Chocolate Factory（见56页）

Maiocchi（见56页）

Jan Powers Farmers Market（见49页）

到达

火车 6条城市火车线路全部都通过中央车站和罗马街站。

公共汽车 大多城市公共汽车线路都通过市中心。主要站点是地下的皇后街公共汽车站和乔治国王广场公共汽车站。工作日免费的City Loop和Spring Hill Loop公共汽车服务线路环绕中央商务区和Spring Hill。

顶级景点
市政厅

市政厅（City Hall）是布里斯班的遗产中心，这座砂岩建造的大楼俯视着乔治国王广场。这座建筑耗资100万澳元，于1930年建成，是澳大利亚最昂贵的城市公共空间。它还是最宏伟的公共建筑之一，前面是一排红杉大小的科林斯圆柱，外立面由明亮的澳大利亚昆士兰州希利顿砂岩修建，里面收藏着许多美丽的工艺品、历史逸事文件和文化宝藏。

- 见44页地图，B4
- 07-3339 0845
- www.brisbane.qld.gov.au
- 乔治国王广场
- 免费入场
- 周一至周五 8:00~17:00，周六和周日 9:00~17:00
- Central

市政厅礼堂

市政厅

礼堂

然而,市政厅最令人印象深刻的地方是它的礼堂。那是一个宏伟的圆形空间,其灵感源于罗马古老的万神殿,亮点包括珍贵的桃花心木和蓝胶地板、经过Henry Willis父子修复的4300管琴风琴,以及当地艺术家达芙妮·梅奥(Daphne Mayo)的石膏装饰。这些的上方是一个时尚的圆顶,上面装饰着成千上万的LED灯,当灯光点亮时,就会形成一场壮观的灯光秀。滚石乐队于1965年在该礼堂举办了他们在澳大利亚的第一场演出。现在,这里每周二正午都会举办免费的音乐会。

布里斯班博物馆

精彩的互动式博物馆——**布里斯班博物馆**(Museum of Brisbane; ☎07-3339 0800; www.museumofbrisbane.com.au; Level 3, Brisbane City Hall, King George Sq; 免费入场; ⏰10:00~17:00; 🚇Central)位于市政厅的四楼,将让你从一个全新的视角了解这座城市的过去和现在。目前的王牌展览是"100% Brisbane"。该项目是布里斯班博物馆与总部位于柏林的剧院公司Rimini Protokoll的一个创新合作项目,向人们展示了100名布里斯班居民此时的生活,根据澳大利亚统计局(Australian Bureau of Statistics, 简称ABS)的数据,这些人准确地反映了该市的人口状况。这里为你呈现的大都市现状要比你的预期复杂得多。

钟塔

这座钟塔是全国最大的钟塔之一,其四个钟面是仿照威尼斯的圣马克钟楼建造的。这座大钟由威斯敏斯特编钟组成,每隔15分钟就会敲响一次。如果你想要俯瞰布里斯班的中心,可以爬上钟塔的观景台——位于街道上方76米处。你可以通过一台迷人的老式电梯(澳大利亚最古老的电梯之一)到达观景台。

☑ 独家贴士

▶ 钟塔的门票是免费的,先到先得。可以在布里斯班博物馆的接待处取票。假期期间要早作打算,因为在旺季,门票很快就会被抢空。

▶ 如果想要更加全面地探索市政厅的建筑珍品,请选择免费的45分钟导览游,其中也包括前往钟塔。虽然应该提前打电话预订门票,但通常在当大也可以从布里斯班博物馆拿到,所以一定要问一问是否还有余票。

🍴 吃喝落脚点

市政厅附近有许多很棒的就餐选择,包括新开的Greenglass(见50页)—— 一家阁楼式的餐厅,供应法国风味菜肴和香醇的葡萄酒(按杯供应)。

44 布里斯班中部

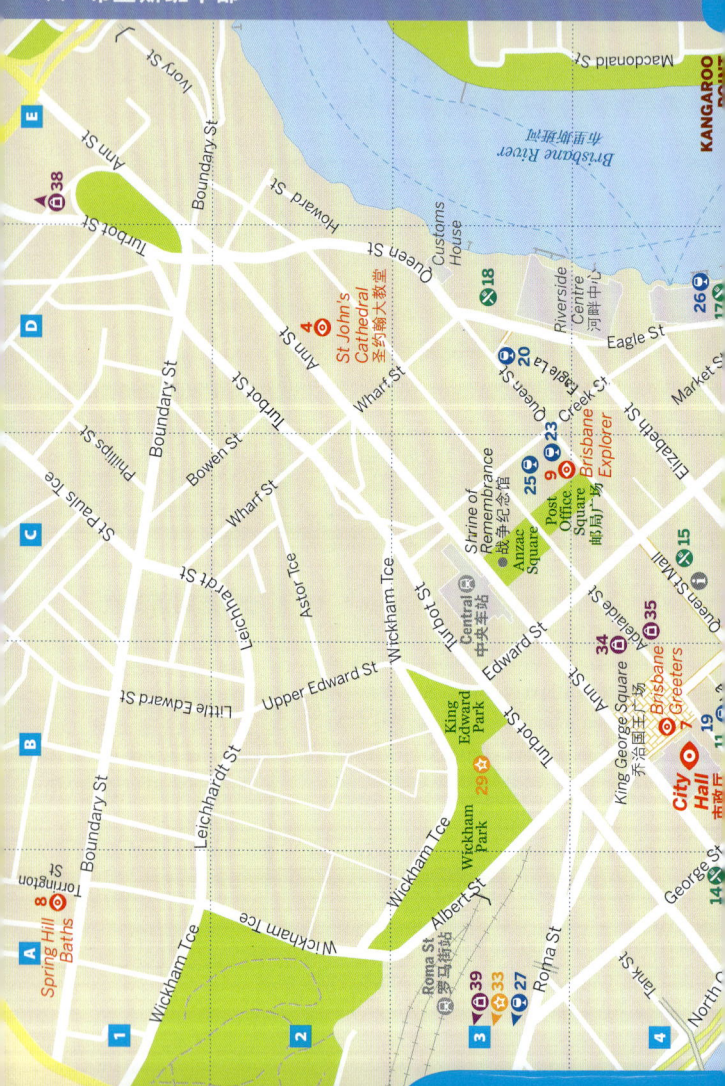

景点

城市植物园 公园

1 见44页地图, D7

原本是1825年由罪犯种植的一批粮食作物,目前它们组成了布里斯班最受欢迎的绿色空间。从昆士兰科技大学(Queensland University of Technology)的校区沿着斜坡到河边的区域,有面积广阔的草坪、缠绕的莫顿湾无花果、南洋杉、澳洲坚果树以及打太极拳的团体,为疲惫的都市人提供一剂舒缓的灵丹妙药。每天的11:00和13:00,免费的1小时导览游从圆形大厅出发。周日,受人欢迎的布里斯班河畔市场(见49页)在此举办。别去花园那些平淡无奇的咖啡馆,最好选择野餐。(City Botanic Gardens; www.brisbane.qld.gov.au; Alice St;免费入场;⊙24小时;ⓟQUT Gardens Point,ⓡCentral)

国会大厦 历史建筑

2 见44页地图, C7

这栋建筑魅力迷人,采用雪白石块搭建,设计为法国文艺复兴风格,其历史可追溯至1868年。建筑俯瞰着城市植物园。进入一览的唯一方式就是参加免费团队游,团队游根据需求、按照公布时间发出(如果国会开会,只有14:00一次)。团队游开始前5分钟到达;无须预约。(Parliament House; www.parliament.qld.gov.au; Alice St和George St交叉路口;免费入场;⊙团队游 非会议日 13:00、14:00、15:00和16:00; ⓟQUT Gardens Point,ⓡCentral)

旧政府大楼 历史建筑

3 见44页地图, D7

作为昆士兰州最重要的历史建筑,这幢1862年的瑰宝由深受尊敬的政府建筑师查尔斯·蒂芬(Charles Tiffin)设计,是与昆士兰州第一任州长乔治·鲍恩爵士(Sir George Bowen)身份相称的豪华寓所。其奢华的内部于2009年得到修复,现在提供免费的播客和导览游;导览游必须通过电话或电子邮件预约。这栋建筑同时包含专为威廉·罗宾逊而设的威廉·罗宾逊画廊(William Robinson Gallery),展示这位澳大利亚家的一系列引人注目的作品,包括两幅荣获阿切尔德奖(Archibald Prize)的画作。(Old

---

当地生活

免费烧烤

当地人非常喜欢"烧烤",因此你会在美丽的罗马街公园(Roma Street Parkland; 见44页地图, A2; www.visitbrisbane.com.au/Roma-Street-Parkland-and-Spring-Hill; 1 Parkland Blvd; 免费入场;⊙24小时;ⓡRoma St)发现许多充分利用那里免费烧烤架的人们。带上一些当地的农产品和啤酒,早早地到达梦寐以求的湖边,享受"澳洲梦"吧。

国会大厦

Government House；☎07-3138 8005；www.ogh.qut.edu.au；2 George St；免费入场；⊙周二至周四 9:00~16:00，1小时导览游 10:30；🚌QUT Gardens Point，🚉Central）

圣约翰大教堂

教堂

4 ◉ 见44页地图，D2

　　圣约翰大教堂采用石头、雕刻木材和彩色玻璃修建而成，华丽壮观，位于佛特谷西边不远处。它是19世纪哥特复兴建筑的迷人代表。这座建筑真是精雕细琢，1906年动工，2009年才完工，因此成为世界上最后一批建成的此类建筑风格的大教堂之一。（St John's Cathedral；☎07-3835 2222；www.stjohnscathedral.com.au；373 Ann St；⊙9:30~16:30，🚉Central）

军需储备博物馆

博物馆

5 ◉ 见44页地图，B6

　　这是布里斯班历史最悠久且还在使用的建筑，于1829年由罪犯建造，原本是政府的仓库。内部是一座整洁的小博物馆，用于展示罪犯和殖民历史。别错过了参观罪犯们的"手指头"，以及有关昆士兰州意大利移民的展览。（Commissariat Store Museum；www.queenslandhistory.org；115 William St；成人/儿童/家庭 $6/3/12；⊙周二至周五 10:00~16:00；🚌North Quay，🚉Central）

独家贴士

CityHopper

如果你在布里斯班只使用河上交通,可能只能拥有一半的乐趣。免费的市内渡轮CityHopper每半小时1班,往返于南岸、中央商务区(CBD)和树木繁茂的新农场之间。购买一张Go Card,你就可以享用所有的TransLink城市公共汽车、渡轮和铁路服务,还可以在黄金海岸换乘火车、公共汽车和轻轨。价格比单次购买车票至少要便宜30%。

昆士兰科技大学艺术馆 博物馆
6 见44页地图,C7

这座小博物馆定期更换当代澳大利亚艺术品和布里斯班艺术生们的作品,还有一些作品丰富的国际艺术家的临时展览。该博物馆位于昆士兰科技大学的校园内。(QUT Art Museum; ☎07-3138 5370; www.artmuseum.qut.edu.au; 2 George St; 免费入场; ◉周二至周五 10:00~17:00,周六和周日 正午至16:00; ◉QUT Gardens Point, ◉Central)

Brisbane Greeters 团队游
7 ◉ 见44页地图,B4

热情的志愿者带领小团体免费游览布里斯班。至少提前三天上网或致电预订。上网预订可以选择"自选"(Your Choice)行程,参照个人兴趣和日程安排。注意,"自选"行程需要提前五天预订。(☎07-3156 6364; www.brisbanegreeters.com.au; Brisbane City Hall, King George Sq; ◉10:00)

Spring Hill Baths 游泳
8 ◉ 见44页地图,A1

1886年开业,这座古朴的25米温水池是这座城市的第一座地面水池。四周仍旧环绕着别致的木制更衣室,它是南半球最古老的公共浴池之一。(☎1300 332 583; www.cityaquaticsandhealth.com.au; 14 Torrington St, Spring Hill; 成人/儿童/家庭 $5.40/3.90/16.40; ◉周一至周四 6:30~19:00,周五 至18:00,周六 8:00~17:00,周日 8:00~13:00; ◉30, 321)

Brisbane Explorer 团队游
9 ◉ 见44页地图,C3

这趟随上随下的穿梭巴士经过15布里斯班标志性地带(如果你不中途下车,最多需要1.5小时),包括中央商务区、库特塔山、唐人街、南岸和故事桥(Story Bridge)。团队游每隔45分钟从Queen St的邮局广场(Post Office Sq)出发。上网购票或从司机处购票。另外,还有包含五站的团队游,游览布里斯班植物园和库特塔山。(☎02-9567 8400; www.brisbancityexplorer.com.au; 一日游票价 成人/儿童/家庭 $40/25/110; ◉9:00~17:15)

就餐

Miel Container 汉堡 $

10 见44页地图, C5

这个红得扎眼的运输集装箱就被放置在布里斯班摩天大楼下方的角落里，烹制的汉堡出类拔萃。自选圆面包、汉堡、蔬菜、奶酪和酱料，再在人行道旁找一个空位坐下。如果太难选择，那就要个经典的Miel草饲牛肉汉堡，配以洋葱酱、培根和小番茄。多汁、多肉，真是美味绝伦。(☏07-3229 4883; www.facebook.com/mielcontainer; Mary St和Albert St交叉路口；汉堡 $12起；⊙周一至周四和周六 11:00~22:00，周五至23:00; ▨Central）

Felix for Goodness 咖啡馆 $

11 见44页地图, B4

这家餐馆拥有出色的地理位置（坐落于街巷中）、工业风装潢及天然的别致氛围，向人们展示了墨尔本的魅力。啜饮浓咖啡或大口吃下精美早午餐，例如斯佩尔特罂粟籽小圆饼搭配香草糖霜、藏红花豆蔻和红花蜜汁梨，或者南瓜、意大利乳清干酪和焦糖洋葱菜肉馅煎蛋饼。晚间菜品较少，以酒吧小吃为主（最好配以创意鸡尾酒），还有意大利面食和意大利调味饭。(☏07-3161 7966; www.felixforgoodness.com; 50 Burnett Lane; 主菜 午餐 $12~22，晚餐 $23~24; ⊙周一和周二 7:00~14:30，周三至周五 至21:30，周六 8:00~14:00; ☏▨Central)

Strauss 咖啡馆 $

12 见44页地图, C4

这家咖啡馆并不张扬，氛围别致，邻里和睦。来此品尝糕点或者为数不多、受人青睐、创意十足的莎拉，亦可品尝厚实的烤三明治（熏肉、德国酸菜、奶酪和泡菜组合）和改良经典菜品，例如法式烤面包配柠檬酱和炼乳。这个地方精心制作咖啡，提供冷萃咖啡、旋转浓缩咖啡和过滤咖

当地生活

市场

每逢周三，Reddacliff Pl（位于财政部外面）就会变成 **Jan Powers Farmers Market**（见44页地图，B5; www.janpowersfarmersmarkets.com.au; Reddacliff Pl, George St; ⊙周三 8:00~18:00; ▨North Quay, ▨Central），当地的种植者和生产商会在这里出售诱人的农产品和手工制品。周日，当地人会在**布里斯班河畔市场**（Brisbane Riverside Markets; 见44页地图，D6; ☏07-3870 2807; www.facebook.com/brisbaneriversidemarkets; City Botanic Gardens, Alice St; ⊙周日 8:00~15:00; ▨QUT Gardens Point, ▨Central）闲逛，观看现场乐队演出。

啡。(☎07-3236 5232; www.straussfd.com; 189 Elizabeth St; 菜肴 $6.50~13.50; ◎周一至周五 6:30~15:00; ⓦ; ®Central)

AJ Vietnamese Noodle House
越南菜 $

13 ✕ 见44页地图, C5

当你吃多了大鱼大肉时,来这家便宜、简陋的小餐馆吃一碗热气腾腾的越南粉(pho)是一个不错的选择。AJ的肉汤香醇、精致,品种多样,包括辣牛肉粉和青菜烤肉馄饨面。如果你特别饿,还可以吃一份纸米卷。(☎07-3229 2128; www.aj-vietnamese-noodle-house.com.au; 70 Charlotte St; 主菜 $11~15; ◎周一至周五 11:30~15:00和17:00~21:00, 周六 11:30~21:00; ®Central)

Greenglass
法国菜 $$

14 ✕ 见44页地图, A4

沿着一段折扣药店和香艳酒吧之间的楼梯走上去,来到这个朴素简约、阁楼风格的新开餐馆,来此品尝新奇早餐菜品,例如搭配煎蛋、鳄梨和猪肚薄片的深色圆面包,法式小酒馆午餐菜品以及高雅的葡萄酒。(www.facebook.com/greenglass336; 336 George St; 午餐 $12~30, 晚餐 主菜 $18~35; ◎周一至周五 7:00~21:00; ®Roma St)

圣约翰大教堂(见47页)

Hanaichi　　　　　　　日本菜 $$

 见44页地图,C4

你可以在Hunger Central的Hanaichi乘坐寿司列车,在那里,午餐时间有许多乘客围绕着轨道而坐,享用美食。如果你时间充足,还可以品尝这里的便当、汤和单点菜肴。这里还有日本啤酒、清酒、梅子酒和伏特加。(☎ 07-3210 0032; www.hanaichisushibar.com.au; Level 1, Wintergarden Centre, 171 Queen St; 寿司 $3.50~8,主菜 $14~25; ⓒ周日至周四 11:30~21:00,周五和周六 至22:00; ℝCentral)

Urbane　　　　　　　新派澳大利亚菜 $$$

 见44页地图,D5

阿根廷大厨亚力翰卓·坎希诺(Alejandro Cancino)经营着这家温馨怡人的餐馆,它是布里斯班美食之地的典范。如果经济允许,选择更能反映坎希诺烹饪天分的8道菜套餐。毋庸置疑,菜肴赏心悦目、美味可口,无论玉米"雪"(将玉米慕斯放入液氮之中烹制而成)还是配以西米珍珠粒和澳洲坚果的腌制洋葱瓣都令人满意。葡萄酒出类拔萃。(☎ 07-3229 2271; www.urbanerestaurant.com; 181 Mary St; 5道菜套餐 $110,7道菜套餐 $145; ⓒ周二至周六 18:00~22:30; ✎; ⛴Eagle St Pier, ℝCentral)

Cha Cha Char　　　　　　　牛排 $$$

 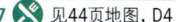

只要提到这家铺走亚麻桌布的牛排餐馆,苛刻挑剔的嗜肉食客都会垂涎三尺。该店选用顶级澳大利亚牛肉片,使用木材烤制,并因此闻名。除了排骨、臀肉和T型骨之外,厨房还提供一流的海鲜和野味烧烤,包括配以烤蘑菇、苹果方旦糖、烤小夏南瓜和石榴薄酱的白千层熏鸭胸肉。作为Eagle St码头的一部分,这家餐厅装有落地长窗,方便顾客眺望河景。(☎ 07-3211 9944; www.chachachar.com.au; 5/1 Eagle St Pier; 主菜 $35~90; ⓒ周一至周五 正午至23:00,周六和周日 18:00~23:00; ⛴Eagle St Pier, ℝCentral)

Esquire　　　　　　　新派澳大利亚菜 $$$

 见44页地图,D3

质朴的现代主义餐馆Esquire正处于鼎盛时期,它将顶级的澳大利业食材变成了"开箱即用"的美食。虽然不是所有的创意都令人满意,但有许多还是好评如潮。这里性价比最高的是便宜的午餐套餐。还有许多令你意想不到的食物,包括配脆蒜和法式焦糖醋酱的生菜碎、干草奶

 独家贴士

午餐套餐

一些顶级的城市餐馆(包括Esquire)供应的午餐套餐(set lunch)菜单的价格远远低于他们的晚餐菜单。一些在工作日供应,另一些则只在规定的时间内供应。登录各餐厅网站了解详情,并预订。

油牛肝菌黄油蛋糕。请预订。(07-3220 2123; www.esquire.net.au; 145 Eagle St; 套餐 午餐 $60~85, 晚餐 $110~150; 周二至周五 正午至14:00和18:00~21:00, 周六 18:00~21:00; Riverside, Central)

饮品

Super Whatnot
酒吧
19 见44页地图, B4

这家酒吧大胆创新,仍是布里斯班最为别致的饮酒场所之一。它是一个工业风、错层式的空间,位于原先一个美容学校之内。来此品尝顶级精酿啤酒、精美葡萄酒和绝佳鸡尾酒吧。顾客都是寻欢作乐的独立小青年和口渴的伙伴。酒吧小吃包括厚实热狗和烤干酪辣味玉米片。(07-3210 2343; www.superwhatnot.com; 48 Burnett Lane; 周一至周四 15:00~23:00, 周五 正午至次日1:00, 周六 15:00至次日1:00, 周日 15:00~20:00; Central)

Brooklyn Standard
酒吧
20 见44页地图, D3

红色霓虹灯宣传语定下基调:"如果音乐太响,你已垂垂老矣。"这个摇滚地窖酒吧呈献给顾客的就是喧闹、活跃的夜间音乐。场面壮观,使用购自纽约市(NYC)的全套设施。顾客盈门,年龄各异。要上一杯拉格啤酒确保稳妥,或者喝上一杯古里古怪的鸡尾酒(无论怎样,椒盐脆饼干都是免费赠送)。(0405 414 131; www.facebook.com/brooklynstandardbar; Eagle Lane; 周一至周五 16:00至深夜, 周六 18:00至深夜; Riverside, Central)

Coffee Anthology
咖啡馆
21 见44页地图, C6

这家咖啡馆名副其实,循环提供精品混合咖啡,豆子全部源自久负盛名的烘烤店,例如Padre和Industry Beans,能让咖啡嗜好者心满意足。如果犹豫不决,可以参考品酒评语,如果喜欢所喝咖啡,甚至可以购买一两袋。这个地方亲切、休闲、新潮,同时提供早午简餐,从粥和松饼到百吉饼,不一而足。(07-3210 1881; www.facebook.com/coffeeanthology; 126 Margaret St; 周一至周五 7:00~15:30, 周六 至午午; ; Central)

Nant
酒吧
22 见44页地图, D5

皮革沙发、高高的天花板和和蔼的酒吧员工都为这家极具氛围的酒吧增色不少。这里是Nant威士忌——一种来自塔斯马尼亚岛中部高地的优质的国际知名的单一麦芽威士忌——的展厅。其他上架的酒品还包括波本威士忌(cognoscenti bourbons)、黑麦酒(ryes)和"禁酒时代"风格的杜松子酒;在品尝几种酒之后,你可以摇摇晃晃地进入城市植物园去寻找蝙蝠。(07-3180 2769; www.nant.com.au; 2 Edward St; 周二至周六 正午至

深夜；🚇Eagle St Pier, 🚆Central）

Gresham Bar 酒吧
23 🚇 见44页地图, C3

这家酒吧藏身于银行大楼一隅，那栋大楼富丽堂皇，已被列入遗产名录。这里使人想起纽约的老式酒吧：印花金属天花板、长靠椅以及一个迷人的木质吧台，吧台后面摆放着鳞次栉比、光彩熠熠的酒瓶（阅览室式阶梯更是锦上添花）。这是一个昏暗、喧嚣、欢快的地方，提供一些酒劲十足的威士忌和一个温馨舒适的侧厅，令人流连忘返。(www.thegresham.com.au; 308 Queen St; ⏰周一至周五 7:00至次日3:00，周六和周日 16:00至次日3:00; 📶;

🚆Central）

John Mills Himself 咖啡馆、酒吧
24 🚇 见44页地图, C5

毫无疑问，米尔斯先生（Mr Mills）将会赞赏这个隐秘的小咖啡馆。本店占据的大楼就是20世纪米尔斯先生经营印刷业务的地方。可从Charlotte St或Elizabeth St旁边一条小巷进入，其大理石吧台和彭尼瓷砖地板为顶级第三浪潮咖啡（third-wave coffee）营造出布鲁克林氛围。晚些时候，咖啡馆变成温馨酒吧，提供澳大利亚精酿啤酒和烈酒。(📞酒吧 0421 959 865, 咖啡馆 0434 064 349; www.johnmillshimself.com.au; 40 Charlotte

---

🔵 了解当地
布里斯班的洪水

2011年，当澳大利亚人在观赏晚间新闻的时候，突然看到棕色的河水在布里斯班市中心奔涌，你可以想象一下当时人们脸上震惊的表情。阳光州的恶劣天气引起了这场洪灾，这是澳大利亚第三大城市自1974年以来遭遇的最大洪水。船只、浮桥、渡轮码头、城市里的河边大道，甚至是河滨餐厅都被洪水卷走。在地势低洼的郊区，有超过3万户人家被淹没。虽然清理工作很快完成，但在2013年洪灾再次发生——这次没有那么严重，但对那些刚刚从2011年的洪水阴影中走出来的当地人来说仍然是一次毁灭性的打击。

2014年，超过4000名灾民发起了集体诉讼，声称2011年的洪水应归咎于上游的威文霍（Wivenhoe）水坝和萨默赛特（Somerset）水坝管理不善。令人奇怪的是，昆士兰州法院的制度并不支持集体诉讼，所以这个案子实际上是在新南威尔士州的最高法院提起诉讼的。

St；⏰咖啡馆 周一至周五 6:30~15:30，酒吧 周二至周四 16:00~22:00，周五 至午夜；🚇Central）

Coppa Spuntino 葡萄酒吧

25 🍺 见44页地图，C3

在Coppa Spuntino，你可以用意大利人的方式度过一天。这是一家漂亮的现代葡萄酒吧，16:30~18:30供应便宜的自制葡萄酒、佩罗尼酒（Peroni）和阿贝罗酒（Peroni）。酒吧内点缀着造型别致的灯具，非常适合开怀畅饮和细品小吃（spuntino在意大利语中是一种零食），可以共享的小吃包括奶酪、熟食和木火烤比萨。酒单上主要是意大利葡萄酒。（📞07-3221 3548；www.coppaspuntino.com；4/88 Creek St；⏰周一至周三 7:00~21:00，周四 至22:00，周五至23:00；🚇Central）

Mr & Mrs G Riverbar 酒吧

26 🍺 见44页地图，D4

这家酒吧安装弧形落地窗，俯瞰河流、天际线和故事桥，顾客深受其益。这是一个休闲别致的地方，配备色彩活泼的高脚凳和舒适的矮脚软垫椅，摩洛哥靠墙桌带有手绘图案，可将你的那杯白诗南（chenin blanc）放置其上。如果感到饥饿，这里提供丰盛的餐前小吃，包括多汁美味的keftethes（希腊式肉丸）、奶酪和熟食。（📞07-3221 7001；www.mrandmrsg.com.au；Eagle St Pier, 1 Eagle St；⏰周一和周二 15:00~22:00，周三和周四 正午至23:00，周五和周六 正午至午夜，周日 正午至22:00；🚇Eagle St Pier，🚇Central）

Lefty's Old Time Music Hall 酒吧

27 🍺 见44页地图，A3

说到寻欢作乐的场所，布里维加斯（因为布里斯班仿似南半球的拉斯维加斯）就有一个艳俗酒馆！装饰着枝形吊灯，悬挂着麋鹿头（没错，胸罩挂在鹿角上），这家朱红色的酒吧提供将近200种威士忌以及甜蜜悦耳的现场乡村乐和西部音乐，延续美好时光。菜单简单明晰、带有星标，包括辣椒奶酪薯条和南方炸鸡。（www.leftysoldtimemusichall.com；15 Caxton St, Petrie Tce；⏰周二至周日 17:00至深夜；🚌375）

Sazerac Bar 酒吧

28 🍺 见44页地图，C5

虽然这个空间本身有点古怪（健身房的地板透露出了它以前的用途），但其地窗的景观是无可匹敌的。它坐落于Four Points by Sheraton（www.fourpointsbrisbane.com）酒店顶上，是布里斯班的最高酒吧，拥有所有CEO梦寐以求的天际线全景。（📞07-3164 4000；www.sazeracbarbrisbane.com；Four Points by Sheraton, Level 30, 99 Mary St；⏰周一至周四 15:00~23:00，周五至周日 正午开始营业；🚇Central）

娱乐

Underground Opera 歌剧

29 ⭐ 见44页地图，B3

布里斯班一个职业的表演艺术公

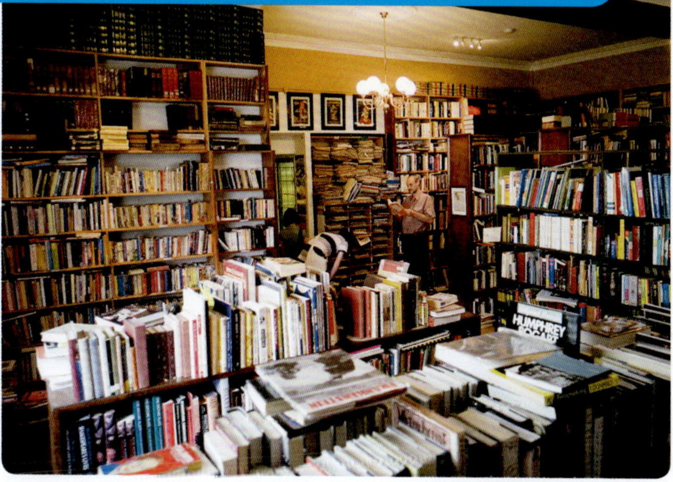

RICHARD I'ANSON/GETTY IMAGES ©

Archives Fine Books（见56页）

司，组织一年一度在隐秘的Spring Hill Reservoir举行的歌剧和百老汇音乐演出季。Spring Hill Reservoir建于1871~1882年。登录网站查看演出季的日期和价格。（☎07-3389 0135，0429 536 472；www.undergroundopera.com.au；Spring Hill Reservoir, Wickham Tce, Spring Hill；⏲时间不定；🚌30，🚆Central）

Riverstage 现场音乐

30 ★ 见44页地图，D8

这个户外场馆位于植物园，经常举办各种各样的国内外音乐活动。昔日表演者包括U2、5 Seconds of Summer、Ellie Goulding和Flume。（☎07-3403 7921；www.brisbane.qld.gov.au/facilities-recreation/arts-and-culture/riverstage；59 Gardens Point Rd；⛴QUT Gardens Point，🚆Central）

Metro Arts Centre 艺术中心

31 ★ 见44页地图，D5

这个位于市中心的艺术场地上演社区戏剧表演、本地戏剧作品、舞蹈和艺术秀。对想要了解布里斯班的创造性人才来说，这里是一个令人兴奋的地方，无论是标新立异、古怪、边缘、革新或绝对的诡异，这里都不缺。店内画廊举办启发灵感的当代艺术展览和相关的艺术家座谈。登录网站查看即将举办的展览、表演和特别活动。（☎07-3002 7100；www.metroarts.com.au；Level 2，109 Edward St；⏲画廊 周一至周五 10:00~16:30，周六 14:00~16:30，表演时间不定；🚇Eagle St Pier，🚉Central）

昆士兰科技大学花园剧院　　剧院

32 ⭐ 见44页地图，D7

尽管该剧院位于大学的校园里面，但这里的作品绝对不是业余的。在这里你可以看到一些澳大利亚最优秀的职业舞台演员。(QUT Gardens Theatre；☎07-3138 4455；www.gardenstheatre.qut.edu.au；2 George St, Queensland University of Technology；⏰售票处 周一至周五 10:00~16:00；🚇QUT Gardens Point，🚉Central）

Paddo Tavern　　喜剧

33 ⭐ 见44页地图，A3

若是一家洗车店娶了它的超市表亲，它们的头一胎大概很可能就长得像这个丑陋的帕丁顿小酒馆，其内部很不和谐地采用了狂野的仿西部主题。但这里可是在布里斯班观看脱口秀的最佳地点之一：查询网站看看剧目表。(☎07-3369 4466；www.standup.com.au；186 Given Tce, Paddington；⏰小酒馆 10:00至深夜，脱口秀 表演时间不定；🚌375）

购物

Noosa Chocolate Factory　　食品

34 见44页地图，B4

不要太自信：那些源自这家阳光海岸糖果屋的小批量手工巧克力将会攻破你的所有自制力。热卖品包括分量十足、软糖式的Rocky Road和一种昆士兰特色混合品，后者包含未经焙烧的夏威夷果，外面是鲍恩(Bowen)柊果味巧克力涂层。最好的就是，这些巧克力不含棕榈油。分店位于No156，同样提供精品咖啡和热巧克力。(www.noosachocolatefactory.com.au；144 Adelaide St；⏰周一至周四 8:00~19:00，周五至21:00，周六 9:00~18:00，周日 10:00~17:00；🚉Central）

Maiocchi　　时装和饰品

35 🔒 见44页地图，C4

这是一家本土品牌店，出售极其漂亮的复古礼服，并且因此闻名。连衣裙裁剪简单，但是注重细节和各种花样。在这里可以见到许多定制花纹、20世纪50年代的设计和日本元素。除了你的下一件夏日鸡尾酒裙装，这家精品店铺同时出售上衣、裤子和鞋子，还有一些在澳大利亚制作的精选珠宝、提包和家居用品。来到已被列入遗产名录的Brisbane Arcade，就能找到这家店。(☎07-3012 9640；www.maiocchi.com.au；Brisbane Arcade, 117 Adelaide St；⏰周一至周四 9:00~17:30，周五 8:30~20:00，周六 9:00~16:00，周日 11:00~16:00；🚉Central）

Archives Fine Books　　书籍

36 🔒 见44页地图，C5

摇摇欲坠的书架和嘎吱作响的地板营造出一种怀旧气氛，这个庞大的知识宝库满是受人喜爱的书籍。虽然在售书籍的数目达不到他们宣称的一百万那么多（我们的小秘密），但这个地方却是货真价实的精品书籍的海洋。我们最后一次到访之时，最古老书籍由圣贤Roberto Francesco Romolo Bellarmino所著，其历史可追溯至1630年。（☏07-3221 0491; www.archivesfinebooks.com.au; 40 Charlotte St; ⏱周一至周四 9:00~18:00, 周五 至19:00, 周六 至17:00; 🚇Central）

Folio Books　　　　　　　　书籍

37 🔒 见44页地图, D5

书迷们会蜂拥而至Folio，寻找这里收藏的各种书籍，其内容涉及从堪培拉政治到昆士兰现代主义，再到国际艺术、美食、设计和小说等方方面面。工作人员非常乐于助人，这里常常让人流连忘返。（☏07-3210 0500; www.foliobooks.com.au; 133 Mary St; ⏱周一至周四 8:30~18:00, 周五 至19:00, 周六 至17:00, 周日 10:00~16:00; 🚢Eagle St Pier, 🚇Central）

Finders Keepers Markets　　　市场

38 🔒 见44页地图, E1

这个集市一年举办两次，设有100多个艺术和设计摊位。举办地点是一座19世纪的博物馆，目前是一个音乐厅，位于城市近郊的鲍恩山（Bowen Hills），附带现场音乐和美食。这是一个购买高品质一次性时装、珠宝以及本地和其他各州创新设计产品的绝佳地点。（www.thefinderskeepers.com/brisbane-markets; Old Museum, 480 Gregory Tce, Bowen Hills; 成人/儿童 $2/免费; ⏱时间不定; 🚌370, 375, 🚇Fortitude Valley）

Dogstar　　　　　　　时装和饰品

39 🔒 见44页地图, A3

这家本土的女装精品店有很多日本特色。这里有漂亮的面料、雕塑元素和细节精致的裙子、夹克、外套、套头衫和珠宝，拥有一种时髦、引人注目、放荡不羁的氛围。（☏07-3368 2233; www.dogstar.com.au; 2 Latrobe Tce, Paddington; ⏱周一至周五 10:00~17:00, 周六 至16:00, 周日 至15:00; 🚌3/5）

 当地生活

Record Exchange

这座城市中最好的一些零售商店隐藏在楼梯上或拱廊中。隐蔽的Record Exchange（见44页地图, B4; ☏07-3229 4923; www.therecordexchange.com.au; Level 1, 65 Adelaide St; ⏱周一至周四 9:00~17:00, 周五 至21:00, 周六 9:30~17:00, 周日 10:00~16:00; 🚇Central）里塞满了令人惊喜的黑胶唱片、CD、DVD和海报，你可以在这里购买不知名的专辑和摇滚纪念品。

顶级景点
德阿吉拉尔国家公园

到达和离开

🚌 **公共汽车** 公园位于城市中心西北10公里处。乘坐385路公共汽车（$5.70，25分钟）从罗马街站前往公园游客中心；末班车返回城市的时间是16:48。

觉得城郊闷得慌？这个占地约20.5平方公里的国家公园会满足你对野外的渴望。虽然就位于市中心西北10公里处，但让人感觉恍如隔世，这里有更加凉爽的气候、步道以及观看野生动物的机会。该公园的特色是亚热带雨林和桉树林，以及多样的鸟类和原生森林动物。这片多山的土地是一个远离海岸的清凉之地，也是观看莫顿湾全景的瞭望台。

风鸟天堂，德阿吉拉尔国家公园

德阿吉拉尔国家公园

公园

德阿吉拉尔国家公园(D'Aguilar National Park)分为两部分:南部地区的Walkabout Creek Discovery Centre是公园里一些最好的短途徒步的起点。再往北是梅伊山(Mount Mee),有两个官方露营地。

徒步和骑自行车

公园里有好几条步道,从数百米的小路到24公里的环线。其中包括莫奈里娜(Manorina)日间开放区域内往返6公里的莫雷雅小径(Morelia Track)和光荣山(Mt Glorious)上4.3公里的格林纳瀑布小径(Greene's Falls Track)。

露营

德阿吉拉尔有两个可通车的**露营地**(☎137 468; www.nprsr.qld.gov.au/parks/daguilar/camping.html; 每人/家庭 $6.15/24.60),还有八个偏远的、只能步行进入的**丛林露营地**。位于梅伊山区的两个官方露营地Neurum Creek和Archer,都提供基本的厕所、非饮用水和壁炉。南部的**丛林露营地**只有一个水箱。请携带饮用水、食物、炉灶、露营装备和垃圾袋。

库特塔山保护区和瞭望点

从布里斯班的中央商务区西部乘车15分钟就可以到达这片面积广大的**丛林地带——库特塔山保护区**(Mt Coot-tha Reserve; www.brisbane.qld.gov.au; Mt Coot-tha Rd, Mt Coot-tha; 免费入场; ⏱24小时; 🚌471)。你可以在这里发现**布里斯班植物园**(Brisbane Botanic Gardens; ☎07-3403 2535; www.brisbane.qld.gov.au/botanicgardens; 免费入场; ⏱8:00~17:30,4月至8月至17:00; 🚌471)和景色无与伦比的全景**瞭望台**(☎07-3369 9922; www.brisbanelookout.com; 1012 Sir Samuel Griffith Dr; ⏱24小时; 🚌471)。

www.nprsr.qld.gov.au/parks/daguilar

60 Mount Nebo Rd, The Gap

☑ 独家贴士

Walkabout Creek Discovery Centre (☎07-3164 3600; www.walkaboutcreek.com.au; 60 Mount Nebo Rd, The Gap; 野生动物中心 成人/儿童/家庭 $7.20/3.50/18.25; ⏱9:00~16:30) 位于公园的入口处,提供地图和信息。东南昆士兰州野生动物中心(South East Queensland Wildlife Centre)也在这里,可以看到鸭嘴兽、海龟、蜥蜴、蟒蛇和滑翔机。

🍴 吃喝落脚点

公园周围有许多野餐区和观景点。准备好野餐,放松一下吧!在公园入口处的Walkabout Creek Discovery Centre还有一家咖啡馆和一个可以步行通过的鸟舍。

探索

南岸

虽然布里斯班的中央商务区着重于贸易和管理,但横跨河流的南岸(South Bank)却着眼于文化机构和生活中更美好的事物。南岸公园为这一地带增添了一片绿荫,这个河畔绿洲非常适合海滨漫步,还有许多周末市场摊位。西区是一个很酷的地方,有极具艺术氛围的咖啡馆、独立书店、微酿酒吧和音乐场所。

一日游行程

虽然主要景点都在南岸,但西区的街头生活、酒吧、商店和现场音乐也毫不逊色。在南岸,从布里斯班中部跨越引人注目的库利尔帕桥(Kurilpa Bridge),很快就会到达史诗壁画 **The Pillars Project**(见70页)。你可以从那里返回河畔,花上一两个小时去探索一流的**现代艺术美术馆**(见62页)。它的旁边是迷人的建筑昆士兰州立图书馆,再旁边是**昆士兰美术馆**(见71页),它是现代艺术美术馆的姊妹馆,但更加传统。

可以考虑在 Gauge(见73页)或 Julius(见74页)吃午餐,然后在附近的**南岸公园**(见64页)进行餐后散步。休整之后,向西南前往Boundary St和Vulture St——西区繁忙的中心。沉浸在这个街区独特的氛围中,浏览书籍、独立漫画和一箱箱全明星唱片。

如果你不想离开,那就留下来。西区的餐馆、酒吧和现场音乐场所将让你在晚上玩得非常愉快。你可以走进 **Blackstar Coffee Roasters**(见67页)或 **Catchment Brewing Co**(见67页),品尝当地酒品。

西区当地生活,见66页。

顶级景点

现代艺术美术馆(见62页)

南岸公园(见64页)

当地生活

西区漫步(见66页)

布里斯班和黄金海岸最佳

就餐

Gauge(见73页)

Stokehouse Q(见75页)

Morning After(见72页)

饮品

Maker(见76页)

Cobbler(见76页)

到达和离开

火车 从布里斯班南站前往南岸主要的文化机构。南岸车站是前往海洋博物馆的最方便站点。

公共汽车 199路公共汽车连接着西区Boundary St,通往南岸、布里斯班中部、佛特谷、新农场和特内里费。

船 CityCat在南岸公园的南岸1号和2号渡轮总站以及西区渡轮总站停泊。CityHopper轮渡在南岸3号渡轮总站和海洋博物馆渡轮总站停泊。

顶级景点
现代艺术美术馆

布里斯班的现代艺术美术馆（Gallery of Modern Art；简称GOMA）是昆士兰美术馆的姊妹馆，特别时尚、年轻，还有些傲慢。自2006年开业以来，这个价值290万美元的中心已经成为澳大利亚最热门的公共美术馆之一，这里有一个全年项目，展示了澳大利亚和其他地方最吸引人的创意人才的作品。

现代艺术美术馆
见68页地图，E1
www.qagoma.qld.gov.au
Stanley Pl, South Bank
免费入场
10:00~17:00
South Bank Terminals 1 & 2, South Brisbane

现代艺术美术馆展示了创作于2017年1月的装置艺术 Sugar Spin: you, me, art and everything

现代艺术美术馆 63

展览

现代艺术美术馆的展览包括大量一鸣惊人的展览和小型展览,展示的作品包括馆内不断增加的绘画、雕塑、视频艺术、摄影和装置艺术的永久收藏。这里有很多久负盛名的毕加索的作品,包括 La Belle Hollandaise(1905年)——他最受推崇的早期绘画作品之一。这里还有威廉·肯特里奇(William Kentridge)和米卡·罗滕伯格(Mika Rottenberg)等人的主要视频装置艺术,还有徐冰、南·琼·佩克(Nam June Paik)以及在昆士兰州出生的摄影师和视频艺术家特蕾西·莫法特(Tracey Moffatt)等本地名人的作品。

电影馆

现代艺术美术馆鲜为人知的亮点之一,是其专门建造的澳大利亚电影馆(Cinémathèque),这是一个室内的电影中心,拥有难得一见、精心策划的经典电影项目,其主题与美术馆的展览相关。作品包括由著名电影制作人创作的当地作品和国际作品,以及罕见的35毫米胶片,还有最近修复的物品和无声电影,以及现场音乐伴奏。最重要的是,大多数的放映都是免费的。可登录现代艺术美术馆网站查询电影和放映时间。

建筑

现代艺术美术馆的明星效应延伸到了它标志性的外观上。该建筑主要是由悉尼的昆士兰建筑师林赛(Lindsay)和克里·克莱尔(Kerry Clare;Architectus建筑事务所)建造完成,并对20世纪的国际风格和当地的热带建筑进行了博人眼球的诠释。作为布里斯班最引人注目的21世纪建筑范例之一,这座类似于阁楼风格的建筑在2007年获得了澳大利亚建筑师学会(Australian Institute of Architects)的国家公共建筑奖(National Award for Public Architecture)。

☑ 独家贴士

▶ 要想更加深入地了解这些艺术品,请加入现代艺术美术馆的免费导览游。

▶ 为了避开拥挤的人群,请在工作日14:00以后前来,此时通常是现代艺术美术馆最安静的时候。

▶ 如果想要寻找极具灵感的礼物(包括当地设计的珠宝),请前往一楼储货量丰富的美术馆商店。

▶ 幼童星期二(Toddler Tuesday)是一个免费的每周项目,包括各种活动、游戏和讲故事,旨在让蹒跚学步的孩子接触艺术。可以登录网站预订。

🍴 吃喝落脚点

这家美术馆有两家优质餐厅——GOMA Restaurant(见75页)和更随意的室内外餐厅 **GOMA Cafe Bistro**(📞07-3842 9906;午餐 $15~34;⏰周一至周五 10:00~15:00,周六和周日 8:30开始营业)。这家咖啡馆供应优质的汉堡、沙拉和现代小酒馆主菜,周末还供应早餐和午餐。

顶级景点
南岸公园

从河对岸的布里斯班市中心眺望，南岸公园（South Bank Parklands）就是这座城市公共的后花园。对于当地人和游客来说，这是一个热闹的地方，他们都是为了领略壮观的天际线、美丽的风景和一系列的景点（从普通的免费娱乐项目到巨大的摩天轮和热带人工沙滩）而来。

见68页地图，F3

www.visitbrisbane.com.au

Grey St, South Bank

免费入场

黎明至黄昏

South Bank Terminals 1、2和3，South Brisbane, South Bank

布里斯班摩天轮

街道海滩

闭上眼睛,你可能会认为身在降灵群岛(Whitsundays)的一个岛屿上。事实上,你是在澳大利亚唯一的人造城市海滩上沐浴着阳光。街道海滩(Streets Beach)是南岸公园的明星景点,这里有一个新月形状的潟湖式游泳区,里面有闪闪发光的白色沙滩、清澈的海水、摇曳的棕榈树,还有阴凉的浅滩。这里非常适合全家游玩,还有救生员和专门供儿童戏水的Aquativity区。如果你在布里斯班的住宿地点没有游泳池,这里也是一个方便、免费的娱乐场所。

布里斯班摩天轮

虽然不能与墨尔本之星和伦敦眼相媲美,但**布里斯班摩天轮**(Wheel of Brisbane; ☎07-3844 3464; www.thewheelofbrisbane.com.au; Grey St, South Bank; 成人/儿童/家庭 $19/13.50/55; ◎周日至周四 10:00~22:00,周五和周六 至23:00; ◎South Bank Terminals 1 & 2, ◎South Brisbane)也为人们提供了城市天际线的360度全景图。它距离昆士兰表演艺术中心(Queensland Performing Arts Centre,简称QPAC)只有几步之遥,摩天轮封闭式的轮舱可以上升到将近60米的高度,在10~12分钟的旅程中,还播放对各个景点的音频解说。在线预订会有一点儿象征性的折扣。

尼泊尔和平塔

屹立在布里斯班摩天轮下方的雨林中的是南岸最不寻常的特色建筑——尼泊尔和平塔(Nepalese Peace Pagoda)。这是位于加德满都的帕斯帕提寺的复制品,它是1988年在这里举办的第88届世博会的遗址。这座塔耗费两年多的时间,使用尼泊尔南部丛林的Terai木材,由160个尼泊尔家庭手工建造而成。

☑ 独家贴士

▶ Medibank Feel Good Program全年在南岸公园开设免费的健身课程,包括瑜伽课程。日期和时间参见www.visitbrisbane.com.au。

▶ 从9月下旬到11月中旬,南岸公园会出露天影院(见78页),放映大银幕经典电影以及最近上映的电影。你可以租一个豆袋椅或帆布躺椅,也可以带一个野餐垫。需要注意的是,大多数电影票会在放映前在网上抢售一空,所以请预订。

✕ 吃喝落脚点

南岸公园的咖啡馆和餐厅包括健康的Kiss the Berry(见73页)。如果想要品尝更加有料的食物,可以略过Stanley St上的一排餐厅,前往备受赞誉的咖啡馆兼餐馆Gauge(见73页)或比萨店Julius(见74页)。

当地生活
西区漫步

豪华公寓可能正在涌现，但西区仍是布里斯班独立而令人难忘的主角。在人行道上，你会拥有一种强烈的另类时尚感、艺术感和街区自豪感：老式的家族企业在这里建立了著名的咖啡店和唱片店，还有激进的漫画书、精酿啤酒、有机市场摊位，以及罕见的街头艺术。

❶ 戴维斯公园市场

如果赶上周六，请早点起床，直接前往**戴维斯公园市场**（Davies Park Market；www.daviesparkmarket.com.au; Davies Park; ◎周六 6:00~14:00; ◻199、192、198）。附近的人们都会来到这里购买当地种植的水果和蔬菜、新鲜的海鲜、美味的香肠等。留意一下卖早餐鸡蛋卷的食品车，你可以把鸡蛋卷和Gypsy Vardo大篷车里的咖啡搭配在一起食用。10:00左右通常

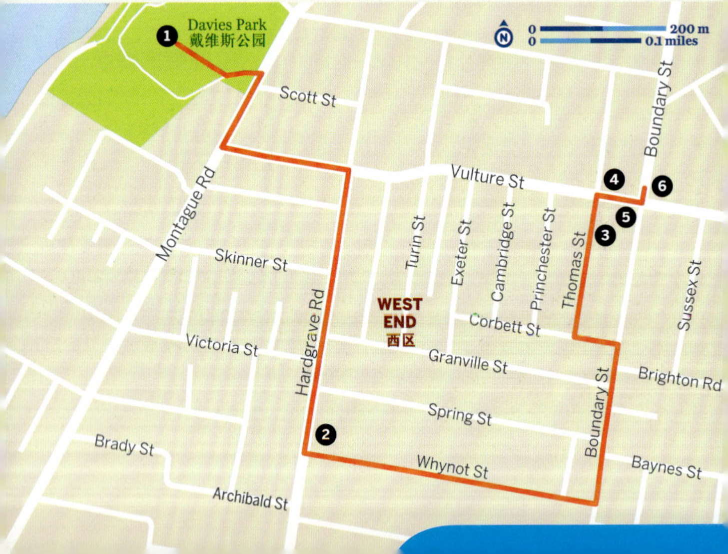

西区漫步

有乐队在大篷车旁边演奏。

❷ 芬坦·麦基壁画

在布里斯班长大的芬坦·麦基（Fintan Magee；也被称为"澳大利亚班克斯"）因他异想天开的街头艺术而享誉全球。他创作的装饰墙从墨尔本一直延伸到基铺。这幅栩栩如生的西区壁画（126 Hardgrave Rd；🗺198、199）上有一只潜伏的野生狐狸，它敏捷地穿过一堵米黄色的砖墙。一想到夜间在郊区街道上游荡的狐狸数量，这幅壁画可谓相当恰当。

❸ Blackstar Coffee Roasters

Blackstar Coffee Roasters（www.blackstarcoffee.com.au; 44 Thomas St; ⏲7:00~17:00; 📶; 🗺199）紧邻Vulture St，体现了西区精神：独立、风雅和悠闲。在这里，有最好的当地烘焙咖啡，而并没有嘻哈的态度。这里的顾客形形色色，其中有作家、乐师、流浪者和咖啡爱好者。这里的顶级饮品是为炎热的布里斯班天气量身定制的冰爽的冷压咖啡。

❹ Jet Black Cat Music

Jet Black Cat Music（📞0419 571 299; www.facebook.com/jetblackcatmusic; 72 Vulture St; ⏲周二至周五 10:30~17:00, 周六 10:00~16:00; 🗺199）不仅仅是一家超酷的唱片店，还是游览西区的一个休息站。走进去，你通常会发现一群常客和老板Shannon Logan一起谈论乐队、演出和邻里八卦。你可能会被他们的对话所吸引，他们通常会热情地为你提供当地游览建议和小贴士。

❺ Junky Comics

西区的反文化倾向一直蔓延到Junky Comics（📞07-3846 5456; www.junkycomicsbrisbane.com; 93 Vulture St; ⏲周二至周五 10:00~17:30, 周六 至17:00, 周日 至16:00; 🗺199），这家独立的漫画书店由布里斯班的插图画家Vlada edipulige（又名Junky）经营。你可以来这里看看漫画，从漫威和DC，再到复古的女权主义漫画和当地科幻小说杂志，应有尽有。你还会发现许多当地和国际艺术家的限量版印刷品，以及T恤周边。

❻ Catchment Brewing Co

如果到了喝啤酒的时间，可以在位于西区主要地带的Catchment Brewing Co（📞07-3846 1701; www.catchmentbrewingco.com.au; 150 Boundary St; ⏲周一 16:00~22:00, 周二至周四和周日 11:00~22:00, 周五和周六 11:00~23:00; 🗺199）稍事停留。它由两位老朋友和他们的家人经营，二楼的酒吧和法式小馆酿造自己的酒品，并提供来自其他制造商的精酿啤酒。你可以在街头艺术装饰的庭院里闲逛，也可以在两个小阳台上选择一个休息。

68 南岸

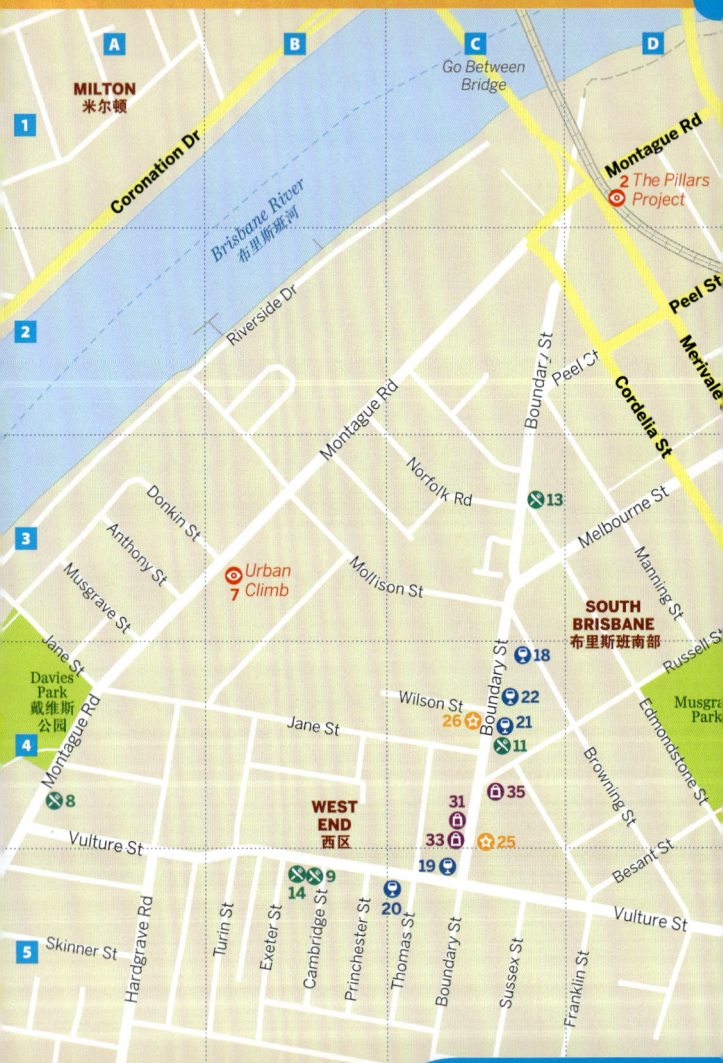

景点

昆士兰文化中心　　　　文化中心

1 ◎ 见68页地图, E1

昆士兰文化中心位于南岸, 就在维多利亚桥 (Victoria Bridge) 上方, 靠近中央商务区。它是布里斯班文化融合的中心。这个建筑群四面延伸, 周围环绕着亚热带花园, 包括建筑风格不同寻常的建筑, 例如昆士兰表演艺术中心 (见77页)、昆士兰博物馆和科学中心、昆士兰美术馆、昆士兰州立图书馆 (State Library of Queensland), 以及尤为突出的现代艺术美术馆 (简称GOMA)。(Queensland Cultural Centre; Melbourne St, South Bank; ▣ South Bank Terminals 1 & 2, ▨ South Brisbane)

独家贴士

对于儿童

南岸有许多免费的、适合儿童的旅游胜地, 包括街道海滩、昆士兰博物馆、昆士兰美术馆和现代艺术美术馆 (见62页)。现代艺术美术馆里有一个专门的儿童艺术中心, 提供互动展览和手工活动。周五17:30起, 昆士兰表演艺术中心 (见77页) 会举办适合家庭参加的Green Jam活动, 有街头小吃和免费现场音乐表演。

The Pillars Project　　　　公共艺术

2 ◎ 见68页地图, D1

南布里斯班铁路地下通道的一系列立柱, 被一些热门的艺术家画上了巨大的街头艺术壁画。尤其值得注意的是, 居住在冰岛的Guido Van Helten创作的一幅引人注目的土著儿童画像, 以及芬坦·麦基的画作, 该画作描绘了一个手里抱着孩子漂浮在洪水中的男子, 该作品既是希望的象征, 也是对2011年在席卷该地区的洪水中丧生的人们的追思。(www.thepillarsproject.com; Merrivale St, South Brisbane; ⏰24小时; ▣198, ▣ South Bank Terminals 1 & 2, ▨ South Brisbane)

昆士兰博物馆和科学中心　　　　博物馆

3 ◎ 见68页地图, E2

来到昆士兰州的核心历史宝库, 深入挖掘昆士兰州历史。引人入胜的展品包括在昆士兰州发现的木他龙 (Muttaburrasaurus, 又名 "Mutt") 骨架以及 "Avian Cirrus号" ——昆士兰人伯特·辛克勒 (Bert Hinkler) 驾驶这架小型飞机, 在1928年完成了首次英格兰到澳大利亚的单人飞行。这里还有科学中心 (Sciencentre), 是一个寓教于乐的场所, 大量互动展品带你深入了解生命科学和技术。在学校放假时这里会大排长龙。(Queensland Museum & Sciencentre; ☎07-3840 7555; www.southbank.qm.qld.gov.au; Grey St和Melbourne St交叉路口, South Bank; 昆士兰博物馆 免费, 科学中心 成人/儿童/家

昆士兰美术馆

庭 $14.50/11.50/44.50；⊙9:30~17:00；South Bank Terminals 1 & 2，South Brisbane）

昆士兰美术馆　画廊

4 见68页地图，E2

昆士兰美术馆包含精美的澳大利亚国内外永久收藏品，艺术品年代从19世纪40年代到20世纪70年代：注意欣赏著名大师的作品，包括悉尼·诺兰爵士（Sir Sidney Nolan）、亚瑟·博伊德（Arthur Boyd）、威廉·多贝尔（William Dobell）和阿尔伯特·纳玛其拉（Albert Namatjira）的作品。（Queensland Art Gallery，简称QAG；www.qagoma.qld.gov.au；Melbourne St，South Bank；免费入场；⊙10:00~17:00；South Bank Terminals 1 & 2，South Brisbane）

昆士兰海洋博物馆　博物馆

5 见68页地图，H5

这个海洋博物馆位于南岸的南部边缘，镇店之宝就是庞然大物"HMAS Diamantina号"，它是一艘经过修复的"二战"护卫舰，可以攀爬上去仔细研究。（Queensland Maritime Museum；07-3844 5361；www.maritimemuseum.com.au；Stanley St；成人/儿童/家庭$16/7/38；⊙9:30~16:30，最晚进入时间 15:30；Maritime Museum，South Bank）

River City Cruises 游轮

6 见68页地图, F2

River City经营1.5小时的游轮游览，从南岸往返新农场，配有解说。10:30和12:30从南岸发船（夏季14:30加开1班）。（📞0428 278 473; www.rivercitycruises.com.au; South Bank Parklands Jetty A; 成人/儿童/家庭 $29/15/65）

Urban Climb 攀岩

7 见68页地图, R3

一面大型室内攀岩墙，还有一面可能是澳大利亚最大的抱石墙。不仅适合攀岩新手，而且适合资深攀岩爱好者。（📞07-3844 2544; www.urbanclimb.com.au; 2/220 Montague Rd, West End; 成人/儿童 $20/18, 一次性注册费 $5; ⊙周一至周五 正午至22:00, 周六和周日 10:00~18:00; 🚌60、192、198）

就餐

Plenty West End 咖啡馆 $

8 见68页地图, A4

这家咖啡馆由一个制图工坊改建而成，位于西区偏远西部。环境淳朴，提供"农场至餐桌"食品。前往柜台浏览一下新鲜出炉的馅料烤面包和蛋糕，或者查看黑板书写的特色菜品，例如配以南瓜酱、羊乳酪、葡萄干和南瓜子的焦糖球芽甘蓝。饮品包括鲜榨果汁、现成的康普茶和非常出色的有机咖啡。结束用餐之后，记得到店内供应处，买一些菠萝辣酱。（📞07-3255 3330; www.facebook.com/plentywestend; 284 Montague Rd, West End; 菜肴 $5.50~23.50; ⊙6:30~15:00, 厨房停止营业 14:25; 🌿🚌60、192、198）

Morning After 咖啡馆 $

9 见68页地图, B5

这家新派西区咖啡馆摆有新潮时髦的淡黄色木质家具，铺设光可鉴人的地铁瓷砖，呈现清新脱俗的绿色基调，华丽大方，似乎比苹果更加鲜嫩欲滴。来到这个浑然天成的酷爽环境，品尝活力十足、经过改良的咖啡馆美食，例如配以煎蛋、胡萝卜和姜泥的夏南瓜油炸饼以及越南沙

昆士兰博物馆和科学中心（见70页）

拉，还有配以羽衣甘蓝香蒜沙司、菠菜泥和开心果的意大利通心粉。不过，咖啡品质有点不太稳定。（☏07-3844 0500; www.morningafter.com.au; Vulture St和Cambridge St交叉路口，West End; 早餐 $9～19，午餐 主菜 $15～21; ⓘ7:00～16:00; ⓦ; ⓟ199）

Kiss the Berry 健康食品 $
 见68页地图, F3

这个朝气蓬勃、积极向上的浆果吧俯瞰南岸公园，提供新鲜美味的一碗碗有机珍馐，品类搭配多样。我们的最爱是看似不佳实际绝佳的Snickers Delight（香蕉、草莓、生可可粉、花生酱、椰子汁、杏仁乳、格兰诺拉麦片、生可可豆肉以及椰子酸奶和椰子片）。要想品尝浆果流食，选择杯装冰沙食品。（☏07-3846 6128; www.kisstheberry.com; 65/114 Grey St, South Bank; 碗 $10.50～16; ⓘ7:00～17:00; ⓟ; South Bank Terminals 1 & 2, South Brisbane）

Beach Burrito Company 墨西哥菜 $
 见68页地图, C4

海滩小屋风格的墨西哥餐馆，供应炸玉米饼、墨西哥卷、墨西哥烤饼和玛格丽塔。（☏07-3846 6286; www.beachburritocompany.com; 100 Boundary St, West End; 主菜 $12～21; ⓘ周一至周四 11:30～21:00，周五和周六 至22:00; ⓟ198、199）

Gauge 新派澳大利亚菜 $$
12 见68页地图, E2

这家每天营业、咖啡馆式的餐馆目前生意火爆。位于一个整洁空旷的地方，亮点包括黑色纺丝铝材灯、本土植物和非常出色的葡萄酒。菜肴干净新潮，透射出澳式自信。特色菜品包括令人生畏的配以煨骨髓、蘑菇和本土百里香的一种"血色墨西哥卷饼"（blood taco），以及特制的精美香蕉面包——带有焦香草和黑黄油的蒜蓉面包。（☏07-3852 6734; www.gaugebrisbane.com.au; 77 Grey St, South Brisbane; 早餐 $12～19，主菜 $26～33; ⓘ周一至周三 7:00～15:00，周四和周五 7:00～15:00和17:30～21:00，周六 8:00～15:00和17:30～21:00，周日 8:00～15:00; South Bank Terminals 1 &

当地生活

傍晚茶

吃午餐的女士、准新娘和享乐主义者都有一个特别舒适的傍晚茶（high tea）地点，那就是南岸的**Bacchus**（见68页地图, E3; ☏07-3364 0837; www.bacchussouthbank.com.au; Rydges South Bank, 9 Glenelg St, South Brisbane; 傍晚茶 $38，含一杯香槟 $53起; ⓘ傍晚茶 周二至周四和周日 14:30～16:30，周五和周六 13:30～16:30; South Bank Terminals 1 & 2, South Brisbane）。

2,🚉South Brisbane)

Julius　　　　　　　意大利菜 $$

这家体面的意大利餐馆（见**12** ✖ 见68页地图, E2）选用抛光混凝土装潢，阿贝罗酒（Aperol）金光四射。提供一流的比萨，分为两种：pizze rosse（带有番茄酱）和pizze bianche（不带番茄酱）。前者包含一种简单迷人的番茄大蒜调味汁，采用适当的那不勒斯方式烹制（无海鲜）。意大利面食同样出类拔萃，fritelle di ricotta（充满奶油蛋羹的意人利乳清干酪煎炸馅饼）使人们尽兴而归。(📞07-3844 2655; www.juliuspizzeria.com.au; 77 Grey St, South Brisbane; 比萨 $21~24.50; ⏰周日、周二和周三 正午至21:30, 周四 至22:00, 周五和周六 至22:30; 🚇South Bank Terminals 1＆2, 🚉South Brisbane)

Billykart West End　新派澳大利亚菜 $$

13 ✖ 见68页地图, C3

布里斯班名厨Ben O'Donoghue经营这家华丽而休闲的饭馆，这里的毕立卡特机车（Billykart）设计图纸和仿造且士兰贴面板勾起当地人的童年回忆。菜肴赏心悦目，有滋有味，从经久不衰的早餐澳亚蛋（虎虾、培根、煎蛋、蚝油、辣椒和清水芥菜）到作为午餐和晚餐、不同凡响的扳手蟹意式细面条，品种多样。周末早餐尤其受到青睐；9:00前到达。(📞07-3177 9477; www.billykart.com.au; 2 Edmondstone St, West End; 早餐 $6~23.50, 晚餐 主菜 $26~36; ⏰餐厅 周一和周日 7:00~14:30, 周二至周六 7:00~21:30, 商店 周一 11:00~17:00, 周二至周五 11:00~21:00, 周六 9:00~21:00, 周日 9:00~17:00; 🚌192、196、198、199)

Sea Fuel　　　　炸鱼和薯条 $$

14 ✖ 见68页地图, B5

这是布里斯班一家顶级的炸鱼和薯条店，唯一缺少的就是一片海滩。优雅精致、时髦现代，配备仿古木头桌面和大幅海景照片。鱼很新鲜，捕自澳大利亚和新西兰水域。薯条金黄，酥脆无比，撒有鸡肉味调味品。其他食品包括生蚝、泰国鱼饼和清爽沙拉。(📞07-3844 9473; www.facebook.com/seafuel; 57 Vulture St, West End; 餐 $14~26; ⏰11:30~20:30; 🅿; 🚌199)

🔴 当地生活

Little Greek Taverna

Little Greek Taverna(见68地图, C3; 📞07-3255 2215; www.littlegreektaverna.com.au; 5/1 Browning St, West End; 主菜 $15~17, 宴会 每人 $35~45; ⏰周二至周日 11:00~21:00; 🚌196、198、199) 坐落在西区的黄金地点，节奏快速、永远忙碌，是品尝希腊盛宴和观看人群的极佳地点。你可以点一份大虾和油炸奶酪沙拉（saganaki）或经典的羔羊肉卷（souvlaki），就着浓浓的希腊咖啡一起食用。

GOMA Cafe Bistro（见63页）

Stokehouse Q 新派澳大利亚菜 $$$

 见68页地图, H5

这家精美雅致的餐馆保持高标准，菜品出类拔萃，食材源自当地，并且搭配无与伦比的河流和城市景色。都市人围坐在崭新整洁、铺有桌布的餐桌旁边，一边觥筹交错，一边品尝创意菜品，例如配以水果面包、梨和本土蔓越莓酸甜酱的鸡肝和马德拉（Madeira）炖蛋。Stoke Bar位于隔壁，拥有类似景致，但是饮酒氛围更加随意（虽然价高）。(☏07-3020 0600; www.stokehouse.com.au; River Quay, Sidon St, South Bank; 主菜 $36~42; ⊙周一至周四 正午至深夜, 周五至周日 11:00至深夜; ⛴South Bank Terminal 3, ⛟South Bank)

GOMA Restaurant 新派澳大利亚菜 $$$

16 见68页地图, E1

这家高档的两星级餐馆位于现代艺术美术馆，其精致、现代的菜肴都是使用当地食材烹饪而成。葡萄酒大多来自新世界（New World）。(☏07-3842 9916; www.qagoma.qld.gov.au; Gallery of Modern Art, Stanley Pl, South Bank; 主菜 $39~47; ⊙周三至周日 正午至14:00, 另加 周五 17:30~20:00; ⛴South Bank Terminals 1 & 2, ⛟South Brisbane)

饮品

Maker

鸡尾酒吧

17 见68页地图，E2

这家酒吧氛围亲密温馨，采用黑色色调，使用迷人黄铜条围挡。选用自制烈酒和开箱即用食材，并且运用精妙创意，调制出季节性鸡尾酒。在这里，经典的内格罗尼酒(negronis)选用本店自制味美思酒(vermouth)制成，杜松子酒和奎宁水因采用本土大杜英和澳洲指橘而拥有澳大利亚风情。其他亮点包括一些按杯出售的精选葡萄酒以及备受赞誉的餐馆Gauge(见73页)烹制的出色酒吧小吃。(0437 338 072; 9 Fish Lane, South Brisbane; 周二至周日 16:00至午夜; South Bank Terminals 1 & 2, South Brisbane)

Cobbler

酒吧

18 见68页地图，C4

这家酒吧的吧台气势宏大，陈列着来自全球的400多种威士忌酒。威士忌嗜好者看到，将会喜极而泣。这个西区奇妙之所光线昏暗，提供一系列顶级朗姆酒、龙舌兰酒、白酒，更不必说那些经过现代改良的经典精选鸡尾酒。干杯！(www.cobblerbar.com; 7 Browning St, West End; 周一 17:00至次日1:00，周二至周四和周日16:00至次日1:00，周五和周六 16:00至次日2:00; 60、192、198、199)

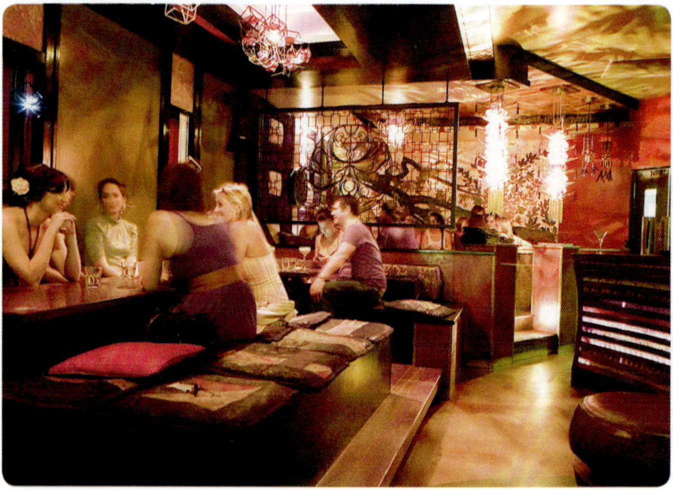

RICHARD I'ANSON/GETTY IMAGES ©

Lychee Lounge（见77页）

Jungle
酒吧

19 见68页地图, C5

你好, 欢迎来到天堂……至少也是布里斯班唯一得体的夏威夷风情酒吧（tiki bar）。这是一座氛围亲切、手工建造的竹子屋, 有木雕凳子、绿幽幽的吧台和DJ演绎的夏威夷曲调。非常适合要上一杯热带酒水, 放松身心。品尝椰子菠萝鸡尾酒（当然, 采用菠萝盛放）体验经典口味, 或者喝上一杯来自牙买加的Red Stripe拉格啤酒。(0449 568 732; www.facebook.com/junglewestend; 76 Vulture St, West End; 周四至周日 正午至午夜; 199)

The End
酒吧

20 见68页地图, C5

时尚潮人、摩卡黑啤和唱片机里莫里西的歌声: 这个曾经的Trash Video商店现在对于热爱独立音乐的西区人来说, 是一个喧闹的、令人流连忘返的活动场所。娱乐活动包括当地DJ、乐队和独唱歌手的表演。(07-3846 6862; 1/73 Vulture St, West End; 15:00至午夜; 199)

Archive Beer Boutique
酒吧

21 见68页地图, C4

这是一个泡沫世界, 提供各种精酿啤酒, 令人眼花缭乱。无论布里斯班辣椒巧克力波特啤酒（porter）、墨尔本美国IPA, 还是悉尼番石榴戈斯啤酒（guava gose）, 或许都能在此找到。总共20多种带龙头桶装啤酒, 还有成百上千种本地和进口瓶装佳酿。出色的酒吧食品包括烤肉、汉堡和比萨。(07-3844 3419; www.archivebeerboutique.com.au; 100 Boundary St, West End; 11:00至深夜; 198、199)

Lychee Lounge
鸡尾酒吧

22 见68页地图, A4

在这个忧郁的、鸦片烟馆风格的鸡尾酒酒吧里, 你会沉入豪华家具的旋涡。在那里, 柠檬香桃木和塔斯马尼亚酒会让你感受到当地的氛围; 苦艾酒和苹果利口酒混合新鲜的苹果汁、酸橙和迷迭香形成了出其不意的Tai Kwan Do。亚洲的设计主题延伸到了餐厅, 你可以看到地中海风格的盘子里盛放着香芋条、澳洲肺鱼和青葱。(07-3846 0544; www.lycheelounge.com.au; 2/94 Boundary St, West End; 周日至周四 15:00至午夜, 周五和周六 至次日1:00; 198、199、196)

娱乐

昆士兰表演艺术中心
表演艺术

23 见68页地图, F2

布里斯班主要的表演艺术中心包含四个演出场地和一个展览空间, 专注于表演艺术的各个方面。这个中心的演出日程安排很满, 包括澳大利亚和国际的芭蕾舞、音乐会、戏剧和喜剧。周五10:30组织一个小时的后台之旅; 通过电话或电子邮件订票, 或者当日前往一楼的QPAC咖啡馆购票。(Queensland Performing Arts Centre, 简称QPAC; 导览游 07-3840 7444, 购票 136 246;

www.qpac.com.au; Queensland Cultural Centre, Grey St和Melbourne St交叉路口, South Bank; 团队成人/儿童 $15/10; ⏱售票处 周一至周六 9:00~20:30; 🚇South Bank Terminals 1 & 2, 🚉South Brisbane)

Ben & Jerry's Openair Cinemas 电影院

24 见68页地图, F3

从9月下旬至11月中旬, 你可来此坐在星空（或者云朵）下观赏大屏经典影片和最近公映影片, 地点就在南岸公园的Rainforest Green。租借一个豆袋坐垫或折叠躺椅, 或者带上一张野餐垫。注意, 大多影片的票在放映当晚之前就已销售一空, 所以务必预订。预先上演现场音乐（有时演奏本土曲目）。(www.openaircinemas.com.au; Rainforest Green, South Bank Parklands, South Bank; 成人/儿童 在线 $17/12, 现场取票 $22/17; ⏱周二至周六 17:30起, 周日 17:00起; 🚇South Bank Terminals 1 & 2, 🚉South Brisbane)

Lock 'n' Load 现场音乐

25 见68页地图, C4

这家热情洋溢的木质二层美食酒吧吸引了一群积极向上的音乐迷, 他们来此欣赏爵士乐、原声音乐（acoustic）、寻根音乐、蓝调音乐和灵魂音乐。看一场现场演出, 第二天再赶来吃顿早餐或者午餐（配以厚肉培根、酸奶油、墨西哥辣椒和玉米面包的精酿啤酒烘豆作为早餐, 能解宿醉）。登录网站查询近期演出。(📞07-3844 0142; www.locknloadbistro.com.au; 142 Boundary St, West End; ⏱周一至周四 15:00至深夜, 周五 正午起, 周六和周日 7:00起; 📶; 🚌199)

Max Watt's House of Music 现场音乐

26 见68页地图, C4

畅通无阻的视野, 以及各种当地和国际人才的组合, 为这个温馨的音乐室锦上添花。过去的顾客包括多伦多的后波普机构BadBadNotGood、总部位于华盛顿特区的前卫金属乐队Periphery和洛杉矶的说唱歌手Kid Ink。登录网站查询近期演出。(📞1300 762 545; www.maxwatts.com.au/brisbane; 125 Boundary St, West End; 🚌199)

Queensland Conservatorium 歌剧、现场音乐

27 见68页地图, F3

作为格里菲斯大学（Griffith University）的一部分, 该学院每年举办250场音乐演出, 包括学生、教师和校友的演出。它还主办艺术家巡回演出和其他特别活动。许多音乐会是免费的。(📞07-3735 6241; www.griffith.edu.au/music/queensland-conservatorium; 140 Grey St, South Bank; 门票 $8~40; ⏱售票处 周一至周五 7:00~22:00, 周六和周日 8:00~18:00; 🚇South Bank Terminals 1 & 2, 🚉South Brisbane)

尼泊尔和平塔（见65页）

布里斯班会议展览中心　现场音乐

 28　见68页地图，E3

这个礼堂位于南岸，共有8000个座位，可以举办从阿雷纳风格的音乐剧到流行表演和博览会等各种活动。（Brisbane Convention & Exhibition Centre；07-3308 3000, 1800 063 308；www.bcec.com.au；Merivale St和Glenelg St交叉路口，South Bank；South Bank Terminals 1 & 2，South Brisbane）

South Bank Cineplex　电影院

 29　见68页地图，F4

在这个播映热门电影的最便宜的电影院，奋力穿过满是爆米花香味和青少年群体的海洋。（07-3829 7970；www.cineplex.com.au；Grey St和Ernest St交叉路口，South Bank；成人/儿童 $6.50/4.50起；10:00至深夜；South Bank Terminals 1、2 & 3，South Bank）

购物

Young Designers Market　市场

 30　见68页地图，G4

本市80多位设计和艺术新星的产品在此出售，包括时装和饰品、当代珠宝、艺术品、家具和家居用品。不妨前来探索一番。这个市场就在南岸公园，通常每月首个周日开市。（www.youngdesignersmarket.com.au；Little Stanley St, South Bank；

10:00~16:00，每月首个周日；South Bank Terminal 3，South Bank）

Where the Wild Things Are 书籍

31 见68页地图，C4

这家书店是隔壁Avid Reader的姊妹店，拥有适合幼童、儿童以及青少年阅读的书籍，数量令人惊叹。同时组织定期活动，从每周的故事时段到新书发布会、签名售书和精品研讨会，种类多样，研讨会涉及诸如书籍插图之类的主题。浏览这家书店的网站和Facebook主页了解即将举办的活动。（07-3255 3987；www.wherethewildthingsare.com.au；191 Boundary St, West End；周一至周六 8:30~18:00，周日至17:00；199）

> **了解当地**
>
> **布里斯班的节日**
>
> 布里斯班深知如何举办派对，还有许多音乐、艺术和体育活动。一些热门活动如下：
>
> **布里斯班节**（Brisbane Festival；www.brisbanefestival.com.au；9月）这是澳大利亚规模最大、花样最多的艺术节之一，9月举行，为期3周。主要推出一系列令人瞩目的音乐会、戏剧、舞蹈和相关活动。节末举办场面宏大的"Riverfire"，也就是在布里斯班河上的精美烟花表演。
>
> **布里斯班街头艺术节**（Brisbane Street Art Festival；www.bsafest.com.au；2月）这个节日繁荣热闹，持续2周，喷雾罐嘶嘶作响。节日期间，国内外街头艺术家将城墙涂绘成吸引眼球的艺术品。除了现场壁画艺术，还有展览、音乐、戏剧、色光音乐表演、作坊和街头艺术大师课。
>
> **山谷嘉年华**（Valley Fiesta；www.valleyfiesta.com；10月）在佛特谷里举行的一个适合家庭的街头派对，为期3天，有免费的音乐会和DJ表演，还有艺术表演、时装秀、市场摊位和美食。
>
> **全澳橄榄球联赛总决赛**（NRL Grand Final；www.nrl.com.au；9月下旬）一年一度的全澳橄榄球联盟比赛的高潮是9月下旬的决赛——参赛的13个球队包括布里斯班野马队（Brisbane Broncos）、北昆士兰州牛仔队（North Queensland Cowboys）、黄金海岸巨人队（Gold Coast Titans）。吃点烧烤，喝点啤酒，和当地人一起对着电视大喊大叫吧。

Title 书籍

32 见68页地图, F3

标新立异和另类的艺术、电影、音乐、摄影及设计作品,再加上黑胶唱片、CD和DVD——彰显一种颠覆性的反叛精神(这正是南岸所需要的!)。这里有一个特别强大的爵士音乐区,还有一些很酷的纪念品(可以考虑一下那些带有半开玩笑的口号的大手提袋)。(☎07-3844 4900; www.titlestore.com.au; 1/133 Grey St, South Bank; ⊙周一 正午至18:00, 周二和周三 11:00~18:00, 周四 11:00~19:00, 周五 10:00~18:00, 周六 10:00~17:00, 周日 11:00~16:00; ▣South Bank Terminals 1 & 2, ▣South Brisbane)

Avid Reader 书籍

33 见68页地图, C4

丰富的书籍、角落里的小咖啡馆、频繁的阅读和读书活动:一个真正的西区文化中心。(☎07-3846 3422; www.avidreader.com.au; 193 Boundary St, West End; ⊙周一至周五 8:30~20:30, 周六 至18:00, 周日 至17:00; ☎; ▣199)

Collective Markets South Bank 市场

34 见68页地图, G4

南岸的Collective Markets吸引游客蜂拥而至,这里出售一些绝佳物品,包括手工皮革钱包、飘逸的夏季连衣裙、印刷品、护肤品和当代手工珠宝。(www.

Collective Markets South Bank

collectivemarkets.com.au; Stanley St Plaza; ⊙周五 17:00~21:00, 周六 10:00~21:00, 周日 9:00~16:00; ▣South Bank Terminal 3, ▣South Bank)

Boundary Street Markets 市场

35 见68页地图, C4

这是一个紧凑的、每周举办两次的市场,主要是食品车和摊位,出售从日本面条到酥脆的煎饼和纯素食甜甜圈。登录网站查看特别主题活动,其中包括素食日和儿童市场日。(www.boundarystreetmarkets.com.au; 56 Russell St, West End; ⊙周五和周六 16:00~22:00; ▣199)

探索

佛特谷

佛特谷（Fortitude Valley）是布里斯班的坏孩子，一个喜欢派对的享乐主义者，这里挤满了舞蹈俱乐部、酒吧和摇滚音乐场所。除此之外，它还有许多蓬勃发展又温文尔雅的餐馆、精巧的鸡尾酒吧和精品店。再加上许多美术馆和唐人街令人兴奋的氛围，这里成了布里斯班最有趣的角落。

一日游行程

在白天,佛特谷更多的活动内容是品尝美食、购物和参观画廊,而不是游览必看的旅游景点。在一天开始的时候,你可以在储货量丰富的**詹姆士街市场**(见87页)到处闲逛,还可以在**Valley Pool**(见85页)游泳。

在随意的**Les Bubbles**(见89页)吃午餐,然后到**现代美术学院**(见87页;位于朱迪丝·赖特当代艺术中心里面;见左图)欣赏巡回展览。再向东南走一个街区就是位于Brunswick St上的**Jan Murphy Gallery**(见87页),它是这个城市商业画廊的中坚力量。在小小的唐人街,可以在几家亚洲杂货店里开开胃,然后前往Bakery Lane和Winn Lane——两条墨尔本风格的小巷,点缀着独特的精品店和餐厅。回到詹姆士街体验山谷更加体面的一面,那里有时尚的购物区。

先喝一杯咖啡(或香槟),或者右转进入Robertson St,在**Libertine**(见85页)寻找罕见的香水,在**TW Fine Art**(见85页)欣赏前卫的创作。夕阳西下时,返回Ann St,登上11楼的屋顶酒吧**Eleven**(见91页)欣赏令人惊叹的天际线景观,然后回到Ann St和Brunswick St的酒吧喝酒。

佛特谷当地生活,见84页。

当地生活

佛特谷一日游(见84页)

♥ 布里斯班和黄金海岸最佳

就餐
King Arthur Cafe(见84页)
Longtime(见89页)
E'cco(见90页)

饮品和娱乐
Gerard's Bar(见91页)
Cloudland(见92页)
Beat MegaClub(见95页)

购物
Camilla(见96页)
Fallow(见96页)

到达和离开

🚆 **火车** 6条城市火车线路(包括开往机场的火车)全部经过佛特谷站,开往城市和南岸,车次频繁。

🚌 **公共汽车** 佛特谷有许多公共汽车线路。大多数开往城市和南岸的公共汽车都沿Ann St向南行驶,而大多数从城市开出来的公共汽车都沿Wickham Tce向北行驶。470路公共汽车从特内里费渡轮总站开往詹姆士街和Ann St,途经布里斯班和图翁(Toowong)。

当地生活
佛特谷一日游

佛特谷不仅仅有酒吧、夜店和周末拥挤的人群。这座城市的角落是鉴赏家的中心,到处都是华丽的咖啡馆、精心策划的画廊和精品店、凉爽的小巷,还有布里斯班最受欢迎的游泳场所。在早晨或下午的时候前来,尽情享受布里斯班最都市化的一面吧。

❶ King Arthur Cafe

King Arthur Cafe(07-3358 1670;www.kingarthurcafe.com; 164c Arthur St;餐$11.50~21;周二至周五 7:00-15.00,周六至周一 至14:00;470,Fortitude Valley)的菜肴在当地家喻户晓。Sprout Artisan Bakery供应面包和点心,Coffee Supreme供应咖啡豆,果酱和开胃菜都是在King Arthur的兄弟咖啡馆——布里斯班南部的Merriweather制作而成的。

❷ TW Fine Art

这家小型的 **TW Fine Art**（☏0437 348 755；www.twfineart.com；181 Robertson St；⏰周二至周六 10:00~17:00，周日 至15:00；🚌470，🚉Fortitude Valley）位于紧邻Robertson St的一条小巷中。这是布里斯班比较先进的私人美术馆之一，展示了一座不断发展、日益复杂的城市。你可能会见到这里的老板Tove Langridge，他是一个和蔼可亲的男人，有着坚定的国际视野，他还是一位从墨尔本到芝加哥不断突破自我的著名艺术家。

❸ Libertine

Libertine（☏07-3216 0122；www.libertineparfumerie.com.au；181 Robertson St；⏰周一至周五 10:00~17:00，周六 9:30~17:00，周日 10:00~16:00；🚌470，🚉Fortitude Valley）是一个华丽的小香水店，专门销售来自世界各地难寻的、手工制作的香水和护肤品。这家商店每周还会举行几次1小时的香水大师班，其间你可以畅饮香槟。

❹ Scrumptious Reads

走进 **Scrumptious Reads**（☏07-3852 6797；www.scrumptiousreads.com.au；5-6/19 James St；⏰周一至周六 10:00~17:00，周日 至16:00；🚌470，🚉Fortitude Valley），这是一家小而安静的书店，有信息量丰富的期刊和旅游指南，还有一张很大的公共餐桌，你可以坐在那里看书、品尝精心调制的抹茶和美味的蛋糕。

❺ Winn Lane

小小的Winn Lane是一条很酷的死胡同。找到小巷入口右侧标志性的"请勿停留"（No Standing）钢网艺术品，然后进入小巷，在 **Miss Bond**（☏0410 526 082；www.facebook.com/missbond.com.au；5g Winn Lane；⏰周三至周六 10:00~16:00，周日 至15:00；🚉Fortitude Valley）购买当地珠宝，在 **Outpost**（☏07-3666 0306；www.theoutpoststore.com.au；5 Winn St；⏰周二至周四和周六 10:00~18:00，周五 至20:00，周日 9:30~16:30；🚉Fortitude Valley）购买男士饰品。后者是以街角的一个传奇摇滚场所的名字命名的，那里现在是一家脱衣舞俱乐部。周六下午小巷里会有DJ表演。

❻ Valley Pool

如果想要清凉一下，可以前往被列入遗产名录的 **Valley Pool**（www.valleypoolbrisbane.com.au；432 Wickham St；成人/儿童 $5.40/3.90，家庭 $11.50起；⏰9月中旬至次年4月中旬 周一至周四 5:15~19:30，周五 至18:00，周六 5:00~18:00，其他时间 周一至周四 5:15~19:30，周五 至19:00，周六 至17:00，周日 7:30~17:00；🚉Fortitude Valley）。这里棕榈环绕，50米的游泳池吸引着人们，从游泳精英到城市中寻求欢乐的人们，大家从四面八方来到这个碧波荡漾、水花四溅、引人注目的游泳池。这个地方是商业游泳俱乐部（Commercial Swimming Club）的基地，该俱乐部以培养出众多的澳大利亚奥运冠军而闻名。

景点和活动

现代美术学院　　　　　　　画廊
1 见86页地图, C3

非商业性的现代美术学院位于朱迪丝·赖特当代艺术中心（见95页）内部，经常举办有趣的展览，展示澳大利亚和国际艺术家的作品。展品有各种媒介形式，有特定地点的装置和摄影作品，还有绘画和视频艺术。这里还有一家不错的艺术主题书店。(Institute of Modern Art, 简称IMA; ☎07-3252 5750; www.ima.org.au; 420 Brunswick St, Fortitude Valley; ⊙周二、周三、周五和周六正午至18:00, 周四至20:00; ⊋Fortitude Valley）

Jan Murphy Gallery　　　　画廊
2 见86页地图, C4

这个备受重视的画廊的前面铺着一片阿斯特罗特夫尼龙草皮，经常举办不断变化的当代澳大利亚作品展览（作品来自知名艺术家或新兴艺术人才）。这里的作品从绘画到雕塑，再到摄影，应有尽有。(☎07-3254 1855; www.janmurphygallery.com.au; 486 Brunswick St, Fortitude Valley; ⊙周二至周六 10:00~17:00; ⊋195、196、199, ⊋Fortitude Valley）

詹姆士街烹饪学校　　　　　烹饪
3 见86页地图, D1

在这个神奇的烹饪学校里培养出你心中的杰米·奥利弗（Jamie Oliver），它的位置就在繁忙的**詹姆士街市场**（James Street Market; www.jamesst.com.au/james-st-market; 22 James St, Fortitude Valley; 8片生鱼片 $17, 热菜 $10~28; ⊙周一至周五 8:30~19:00, 周六和周日 8:00~18:00; ⊋470, ⊋Fortitude Valley）。这所学校提供实践和示范课程，三个小时课程涵盖了各种各样的主题，如香肠制作，中东、印度和现代法国烹饪，甚至还有啤酒和烧烤。你可以从楼下的市场买到大量的新鲜食材。(James St Cooking School; ☎07-3252 8850; www.jamesstcookingschool.com.au; 22 James St, Fortitude Valley; 3小时课程 $145~160; ⊋470, ⊋Fortitude Valley）

Q Academy　　　　　　　按摩
4 见86页地图, E1

Q Academy是布里斯班性价比最高的按摩地点之一：1小时放松按摩或治疗按摩收费$30。虽然按摩技师都是这所知名学校的学员，但是全部具有丰富的理论和实践经验，能够让你感到身心放松。

了解当地
街头艺术

在布里斯班，佛特谷是欣赏街头艺术的一个热门去处。吸引人的好地方包括Winn St、Coniston Lane（Family夜店后面）、Constance St（Tryp Hotel旁边），以及Jamie's Espresso（詹姆士街和Robertson St交叉路口）旁边的墙壁。

这个地方顾客盈门，所以至少提前一周上网预约。(☎1300 204 080；www.qacademy.com.au；20 Chester St, Newstead；1小时按摩$30；🚌300、302、305、306、322、470)

就餐

Nodo Donuts 咖啡馆 $

 见86页地图, E1

这家光线充足、年轻时尚的咖啡馆提供的甜甜圈堪称布里斯班首屈一指（通常14:00前售罄）。提供一些混合口味，例如蓝莓和柠檬以及甜菜根法芙娜（Valrhona）巧克力。它们经过烘焙（并非煎炸）、不含谷蛋白，甚至还有生食类型——用了9个小时来脱水。咖啡馆其他菜品同样注重使用天然、未经加工的食材，绿色早餐和活力十足的杏仁乳奶昔都包含在内。咖啡同样出类拔萃。(☎07-3852 2230；www.nodo.com.au；1 Ella St, Newstead；菜单$7.50~16；⏰周二至周五 7:00~15:00，周六和周日 8:00起；📶；🚌300、302、305、306、322、470)

Ben's Burgers 汉堡 $

 见86页地图, E4

这家一流食材主导的小型美食店，位于佛特谷最别致的街巷之上。起床后来品尝早餐Elvis（培根、花生酱、香蕉、枫糖），或者晚点再来，品尝午晚餐汉堡三合一，其中一种不含肉。配餐简单——薯条或辣椒奶酪薯条——巧克力糕饼和核桃派作为尾声再合适不过。(☎07-3195 3094；www.bensburgers.com.au；Winn Lane, 5 Winn St；汉堡$11；⏰7:00至深夜；🚉Fortitude Valley)

Beach Burrito Company 墨西哥菜

7 🍴 见86页地图, D4

这是一家前开式、棚屋风格的墨西哥连锁餐馆，供应各种街头美食，从炸玉米饼、墨西哥炸卷饼和油炸玉米粉饼，到玉米煎饼和油条，应有尽有。在周五和周六晚上，后面的庭院门庭若市。"El Diablo"非常抢手。还有其他分店，包括位于西区（见73页）的餐厅。(☎07-3852 6084；www.beachburritocompany.com；2/350 Brunswick St, Fortitude Valley；主菜$12~21；⏰周日至周四 11:30~22:00，周五和周六至23:00；🚉Fortitude Valley)

🅠 当地生活

The Foundry

The Foundry（见86页地图, B2；www.thefoundry.net.au；228 Wickham St；⏰周四至周日 5:00~17:00；🚉Fortitude Valley）有游戏桌、街机游戏和一系列一流的新兴澳大利亚乐队，一定会让你在这里度过一段愉快的时光。这里是一个音乐和艺术的孕育之地，楼上既有音乐活动的排练场地，又有住宿地点，还有一些室内的创意工作室。你可能会看到从独立的流行音乐到朋克音乐等各种表演。

就餐

佛特谷的唐人街

Longtime 泰国菜 $$

8 见86页地图, B3

眨眼之间,你将错过通往这个昏暗、活跃热门店面的那条小巷。菜单专为多人共餐而设,包括一整套出类拔萃、令人惊喜的泰国风味佳肴,例如卷心菜沙拉配软壳蟹包子。只可预订17:30、18:00和18:30的餐位,随后就只接待散客了(周二和周日晚间餐位最为充足)。(☎07-3160 3123; www.longtime.com.au; 610 Ann St; 主菜 $15~45; ⊕周二至周四和周日 17:30~22:00, 周五和周六 至22:30; ☏; ⓡFortitude Valley)

Les Bubbles 牛排 $$

9 见86页地图, A3

从红色霓虹灯宣传语"1982年以来这里一直提供优质肉品",到恶棍和警察的照片,这个时髦的牛排餐馆展现了昔日烟花柳巷的时光。如今菜单上面只有精美的牛排,和不限量供应的薯条和沙拉。只需选择酱汁(试试绿胡椒粒和法国白兰地类型)和酒水即可。(☎07-3251 6500; www.lesbubbles.com.au; 144 Wickham St, Fortitude Valley; 牛排薯条 $30; ⊕周日至周四 正午至23:00, 周五和周六 至午夜; ⓡFortitude Valley)

Tinderbox

意大利菜 $$

10 见86页地图, D2

这家餐馆新潮时髦、外观装饰马赛克,能够看到詹姆士街,顾客盈门。它位于一条绿荫蔽日的巷道之上,靠近Palace Centro电影院。菜品适合共餐,是意大利风味,不仅包含辛辣的'nduja(腌猪肉酱)炸饭团和辣椒芝麻菜烤墨鱼,而且还有外焦里嫩的燃木烤比萨,例如出类拔萃的funghi(牛肝菌、马苏里拉奶酪和烤洋葱)。用餐之时,喝上一杯创新鸡尾酒。(☎07-3852 3744; www.thetinderbox.com.au; 7/31 James St, Fortitude Valley; 比萨$20~24, 主菜$28; ⊙周二至周日17:00至深夜; ☐470, ☐Fortitude Valley)

E'cco

新派澳大利亚菜 $$$

11 见86页地图, A4

年复一年,这家餐馆一直都是本州的餐饮翘楚之一。员工举止优雅、风度翩翩,菜肴搭配均衡、赏心悦目,如蚝油腌海鳟鱼或美味乳猪配以烟熏胡萝卜泥、朝鲜泡菜和辛辣的'nduja。厨房提供少量精美素食(主菜$30~38),还有一些推荐、性价比高的品尝套餐,尽善尽美。(☎07-3831 8344; www.eccobistro.com.au; 100 Boundary St; 主菜$36~42, 5道菜品尝套餐$89; ⊙周二至周五正午至14:30, 周二至周六18:00至深夜; ☐174、230、300)

Cloudland(见92页)

Madame Rouge 法国菜 $$$

12 见86页地图, D2

昏暗而性感，Madame Rouge用红丝绒窗帘、流苏台灯和罗特列克（Toulouse-Lautrec）印花图案营造出了一种巴黎的氛围。这里的菜单由知名大厨菲利普·约翰逊（Philip Johnson）设计，读起来就像是法国美食精选：备受欢迎的山羊乳酪蛋奶酥、小扁豆和黑卷心菜慢煮鸭腿、焦糖布丁。这里是品尝色香味俱全的高卢美食的好地方。(☎07-3252 8881; www.madamernugebistro.com.au; 100 McLachlan St, Fortitude Valley; 主菜 $30～36; ◎周二至周四和周六 17:00至午夜，周五 正午至午夜，周日 正午至17:00; ®Fortitude Valley)

饮品

Gerard's Bar 葡萄酒吧

 见86页地图, D2

这是一个新潮、成熟、一流的布里斯班酒吧。落座光洁的水泥吧台旁边，从精心策划的葡萄酒单中选择一种稀奇类型，再配以精品酒吧小吃，比如完美无瑕的炸丸子和大名鼎鼎的Belotta伊比利亚火腿（Jamón Ibérico de Belotta）。如果想喝鸡尾酒，那就试试招牌式的"Gerard the Drunk"，它是一种令人着迷、与本地气候相宜的混合饮品，包含伏特加、百香果、石榴和玫瑰水。(☎07-3252 2606; www.gerardsbar.com.au; 13a/23 James St; ◎周一至周四 15:00～22:00，周五和周六 正午至深夜; ®470, ®Fortitude Valley)

APO 鸡尾酒吧

14 见86页地图, D4

这个地方时髦而且注重品质，曾是一间药房，并且因此得名。这里光线昏暗、气氛十足，总共两层。维多利亚砖石结构同光可鉴人的水泥地面以及奇特的大理石景观墙相映成趣。饮品不同凡响，包括瓶装的单批量鸡尾酒，例如大黄和香草内格罗尼酒。菜单更是出色，包含法国-黎巴嫩风味菜肴，例如一种不容错过的黎巴嫩卷饼。(☎07-3252 2403; www.theapo.com.au; 690 Ann St; ◎周一 15:00至次日1:00，周三、周四和周日 正午至次日1:00，周五和周六 正午至次日3:00; ®Fortitude Valley)

Eleven 屋顶酒吧

15 见86页地图, C2

穿上最显身材的衣服，来到这个布里斯班最为出色的天台酒吧。大理石吧台处提供许多非常不错的酒水，包括腌洋葱味的马提尼和高端大气的法国香槟。你可以一边品酒，一边欣赏无尽美景，包括城市天际线和库特塔山。周末还可以对DJ演绎的曲调评头论足。周五和周六对于着装要求特别严格，详情见网站。(☎07-3067 7447; www.elevenrooftopbar.com.au; 757 Ann St; ◎周二至周四和周日 正午至午夜，周五和周六 至次日3:00; ®Fortitude Valley)

Cloudland 酒吧

16 见86页地图, B3

这个多层的地方华丽奢侈，身兼酒吧、夜店和泛亚餐馆三个角色，足令到访者惊掉下巴。它根据一个20世纪40年代的布里斯班舞厅命名，那个舞厅本深受喜爱，但是早已损毁。这家酒吧拥有鸟笼包厢、葱绿植物和巨大枝形吊灯，可以贴地描述为"奇幻森林遇上族长宫殿再遇上《亚当斯一家》的哥特式"。周四21.00开设免费萨尔萨舞课程。（☎07-3872 6600; www.katarzyna.com.au/venues/cloudland; 641 Ann St; ⏰周二至周四 16:00至深夜, 周五至周日 11:30至深夜; 🚇Fortitude Valley）

当地生活
At Sixes & Sevens

错综复杂的空间At Sixes & Sevens（见86页地图, E2; ☎07-3358 6067; www.sixes.com.au; 67 James St; ⏰11:00至午夜; 🚌470, 🚇Fortitude Valley）是一个漂亮的餐馆酒吧，里面有壁炉和扶手椅、温馨的前廊和阿斯特罗特夫尼龙草皮庭院。前廊和庭院在周五和周六晚上特别热闹，当地人会前来品尝精酿啤酒、感受热闹的氛围。酒吧食物包括令人欲罢不能的牛排搭配香料烧烤和可乐腌汁。

Family 夜店

17 见86页地图, B3

排队进入布里斯班最大、最好的夜店之一吧。这里的音乐超凡脱俗，四层楼内充斥着无数舞池、吧台、主题包间，一流的DJ来自世界各地。周日晚上举行的"毛茸茸"跳舞派对，深受布里斯班年轻火热的同性恋人们的青睐。（☎07-3852 5000; www.thefamily.com.au; 8 McLachlan St; ⏰周五至周日 21:00至次日3:30; ortitude Valley）

Holey Moley Golf Club 鸡尾酒吧

18 见86页地图, D3

迷你高尔夫（在一座教堂内开展）和鸡尾酒就在这个酒吧等待顾客前来（最好预订）。点个Putty Professor，包含朗姆酒、牛奶、巧克力酱、花生酱、瑞茜花生酱杯（Reese's Peanut Butter Cup）和麦提莎巧克力（Maltesers）。前往两个球场之一，尽情体验。18洞每个都有一个主题；出类拔萃的主题为《权力的游戏》的铁王座，出自当地艺术家Cezary Stulgis之手。17:00前欢迎儿童光临。（☎1300 727 833; www.holeymoley.com.au; 25 Warner St; 9洞迷你高尔夫每人 $16.50; ⏰周一至周五 正午至深夜, 周六和周日 10:00至深夜; Fortitude Valley）

Woolly Mammoth Alehouse 酒吧

19 见86页地图, B3

千禧一代并未淡忘精酿啤酒、大型叠叠乐和4米沙狐球桌这种娱乐组合。他们

饮品

不断涌入这片精美的大型围栏区，延续美好时光。啤酒类型包括IPA、赛松啤酒和戈斯啤酒，它们大多产自澳大利亚小啤酒厂。登录网站查看Mane Stage上演什么节目，从喜剧到英国嘻哈，皆有可能。（☎07-3257 4439；www.woollymammoth.com.au；633 Ann St；⏰周二至周四16:00至深夜，周五至周日正午起；🚉Fortitude Valley）

Elixir　　　　　　　　　　屋顶酒吧
20 🚇 见86页地图，B3

　　这个屋顶酒吧缺乏景色，但可用氛围弥补。快步登上台阶，来到一片热闹的热带围栏区，这里枝叶繁茂、餐烛摇曳，有DJ演绎乐曲，摆放了休闲沙发床。喝点精酿啤酒或这家酒吧的Fresh Market马提尼，提提神。Fresh Market是用精选市场水果改良经典酒水而来的。登录网站查看每周饮品和食品促销信息。（☎07-3363 5599；www.elixirrooftop.com.au；646 Ann St；⏰周三至周五16:00至深夜，周六和周日13:00至深夜；🚉Fortitude Valley）

Cru Bar & Cellar　　　　　葡萄酒吧
21 🚇 见86页地图，D2

　　一家带有折叠窗的葡萄酒吧，Cru用其惊人的葡萄酒吸引着品酒家。这里有大量的杯装葡萄酒，价格不等，而后面的葡萄酒商店则储存着令人难忘的酒品，包括多种法国葡萄酒、纯意大利阿玛拉葡萄酒，甚至还有昆士兰的丹魄（tempranillo）葡萄酒。食品差强人意，可以选择牡蛎和奶酪。（☎07-3252 1744；www.

Winn Lane（见85页）

crubar.com；22 James St；⏰酒吧11:00至深夜，葡萄酒吧周六至周四9:00~19:00，周五9:00~20:00；🚌470，🚉Fortitude Valley）

Bowery　　　　　　　　　　鸡尾酒吧
22 🚇 见86页地图，D4

　　昏暗的Bowery里面有裸露的砖墙、镀金的镜子、小隔间和光亮的地板，会让人想起曼哈顿的市中心。在工作日的时候，你可以一边品尝精致的鸡尾酒，一边欣赏美妙的现场爵士乐和DJ表演。（☎07-3252 0202；www.facebook.com/

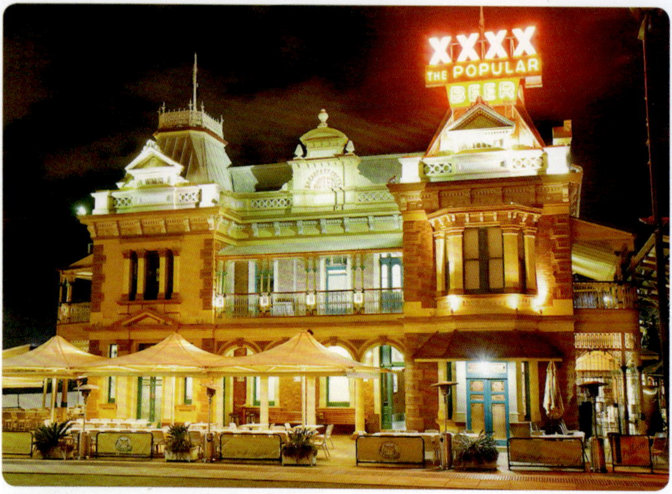

DAVID WALL/ALAMY STOCK PHOTO ©

Breakfast Creek Hotel

thebowerybar; 676 Ann St; ⌚周二至周日17:00至深夜; 🚉Fortitude Valley)

Breakfast Creek Hotel 小酒馆

23 🍷 见86页地图, C1

这家酒馆建于1889年,采用不拘一格的法国文艺复兴风格,是布里斯班的经典。拥有各种吧台和就餐区,包括一处啤酒花园和一座装饰艺术风的"私人酒吧",每天正午刺穿木桶。此地的一个变电站经过改造,成为一家名叫Substation No 41的雅致酒吧,它的库存包含400多种朗姆酒。(☎07-3262 5988; www.breakfastcreekhotel.com; 2 Kingsford Smith Dr, Albion; ⌚10:00至深夜; 🚌300、302、305)

Wickham Hotel 小酒馆

24 🍷 见86页地图, B2

近来,这家老酒馆的顾客不再集中为LGBT群体了,但它仍然吸引着形形色色人前来休息、畅饮。回到啤酒花园,向山谷里最漂亮的酒吧敬一杯酒吧。(☎07-3852 1301; www.thewickham.com.au; 308 Wickham St; ⌚周一至周五 6:30至深夜,周六和周日 10:00至深夜; 🚉Fortitude Valley)

娱乐

Beat MegaClub
夜店

25 见86页地图, D4

5间客房+7间酒吧+3个休闲区+经典老歌/电子音乐/复古音乐/高科技舞曲/嘻哈音乐=跳舞迷的完美天堂。这里聚集了大量的男女同性恋人群,定期举行变装秀,还有一个专门的酒吧——Cockatoo Club。(www.thebeatmegaclub.com.au; 677 Ann St, Fortitude Valley; 周一至周六20:00至次日5:00, 周日17:00起; Fortitude Valley)

The Zoo
现场音乐

26 见86页地图, E4

自1992年起就雄霸一方,如今Zoo已经将一点点音乐领土拱手让给了Brightside,但这里的邋遢场地仍然很适合独立摇滚、民谣乐、原声乐、嘻哈乐、雷鬼乐和电子乐演奏,许多才俊在此表演。近期演人员包括黄金海岸车库摇滚团体Bleeding Knees Club和美国独立流行艺术家Toro y Moi。(07-3854 1381; www.thezoo.com.au; 711 Ann St, Fortitude Valley; 周三至周日19:00至深夜; Fortitude Valley)

朱迪丝·赖特当代艺术中心
表演艺术

这个自由奔放的艺术创造中心,包含一个中等规模且温馨亲密的表演空间,举办各种各样的文化表演,包括现代舞、马戏和视觉艺术。它位于现代美术学院(Institute of Modern Art; 见 见86页地图, C3),同样也是持续三天、广受欢迎的音乐盛会Bigsound Festival(www.bigsound.org.au; 9月)的举办中心。浏览网站查询即将举行的表演和展览。(07-3872 9000; www.judithwrightcentre.com; 420 Brunswick St, Fortitude Valley; 售票处 周一至周五 11:00~16:00; ; Fortitude Valley)

Crowbar
现场音乐

27 见86页地图, B2

这是一个金属音乐、硬核音乐和朋克音乐的天堂,来自澳大利亚、美国、英国、欧洲和日本的乐手穿着黑衣、面容冷酷无情。浏览网站查询特别活动(闪光文身展览,有人想看吗?)。(www.facebook.com/crowbarbrisbane; 243 Brunswick St, Fortitude Valley; 周三至周日17:00至深夜; Fortitude Valley)

当地生活

便宜的电影

在热闹的詹姆士街, Palace Centro (见86页地图, D2; 07-3852 4488; www.palacecinemas.com.au; 39 James St, Fortitude Valley; 成人/儿童 $18/12; 9:00至深夜; 470, Fortitude Valley)放映主流电影和独立电影。在3月或4月,这里还会举行法国电影节。周一可以买到$9的打折票。

Brightside

现场音乐

28 ⭐ 见86页地图, D3

这座1906年教堂的基石据说是"上帝的荣耀"(To the glory of God)。但这个"上帝"是现场另类摇滚之神,信徒们现在会到这里敬拜:沉重、激情、疯狂、震耳欲聋。表演通常会在周四至周六上演,从朋克音乐、硬核音乐和金属音乐,到独立音乐、另类音乐和流行音乐,丰富多彩。(www.thebrightsidebrisbane.com.au; 27 Warner St, Fortitude Valley; ⓒ周一全周

了解当地
布里斯班的摇滚乐

虽然距离好莱坞星光大道很远,但佛特谷拥有自己的(谦虚地说)山谷星光大道(Valley Walk of Fame),它在向城市里最成功的音乐家表达着敬意。在Brunswick St Mall的尽头是10块艺术家的饰板,他们把布里斯班称为家乡(他们至少是在这里成长起来的):以前的Saturday Night Fever Bee Gees、朋克音乐传奇The Saints、在新西兰出生但在昆士兰州长大的Keith Urban,以及15次获得ARIA奖的摇滚歌手Powderfinger等,这里不一一列举。20世纪90年代的电子摇滚歌手和独立乐队"Custard"也被提及。布里斯班摇滚起来吧!

五 正午至深夜,周六 17:00至次日5:00; 📞 ℹ️ Fortitude Valley)

购物

Camilla

时装和饰品

29 🔒 见86页地图, D2

这家店面的丝绸长衫彰显个性,其粉丝包括碧昂丝和奥普拉·温弗瑞。虽然品牌可能源自邦迪,但是其式样大胆、度假风格的创新设计(同时包括连衣裙、上衣、连衣裤和泳装)搭配布里斯班时尚餐馆和酒吧的慵懒氛围,再合适不过。这些衣饰不同凡响、精妙绝伦,而且价格不菲,长衫$500起,比基尼大约$300。(📞 07-3852 6030; www.camilla.com.au; 1/19 James St; ⓒ周一至周三、周五和周六 9:30~17:00,周四 至19:00,周日 10:00~16:00; 🚌 470, ℹ️ Fortitude Valley)

Fallow

时装和饰品

30 🔒 见86页地图, D4

走上一段楼梯,来到这家先锋男装店。其主打产品就是像刻出来一样的、男女适用的服饰,出自享有盛誉的艺术工作室,这种风格通常在澳大利亚很少见(想想德国的Pal Offner和丹麦的Aleksandr Manamis)。其他还有源自法国Mad et Len的手工香水 和 一部分美轮美奂的手工珠宝,包括出自布里斯班艺术家Luke Maninov之手的哥特式和爱德华风格产品。(📞 07-3854 0155; www.fallow.com.au; Level 1, 354 Brunswick St; ⓒ周一至

购物

Butter Beats

周五11:00~17:00, 周六10:00~17:00, 周日11:00~16:00; Fortitude Valley)

Tym Guitars 音乐

31 见86页地图, E4

这家久负盛名的音乐商店出售古典吉他、电吉他以及吉他踏板等一切产品。一些音乐商店提供的限量版踏板,出自美国另类摇滚乐手J Mascis of Dinosaur Jr这类人物之手,这家便是其中之一。这家店面的碟片包括一些尤其知名的朋克、麻醉和迷幻摇滚唱片。这个地方每月举办另类摇滚演奏会。(07-3161 5863; www.tymguitars.com.au; 5 Winn St; 周二至周四和周六10:00~17:00, 周五至19:00, 周日11:00~16:00; Fortitude Valley)

Butter Beats 音乐

32 见86页地图, B3

这里有佛特谷罕见的可收藏唱片,包括老派的澳大利亚独立唱片。就算这里没有,他们也会帮你找到。(07-3257 3257; www.butterbeatsrecordstore.com; 11/8 Duncan St; 11:00~17:00; Fortitude Valley)

探索

新农场

　　新农场（New Farm）是佛特谷惬意的邻居，这是一个葱郁的角落，优雅的昆士兰住宅、现代化的公寓大楼和郁郁葱葱的亚热带花园随处可见。宁静的街道上有舒适的当地咖啡馆和餐馆，而郊区与之同名的公园则是布里斯班最好的文化中心和农贸市场的所在地。附近的纽斯特德精酿啤酒坊和咖啡馆也越来越多。

一日游行程

☀ 如果是周六,可以早早去每周一次的 Jan Powers Farmers Market(见101页;见左图)逛一逛。如果不是,在一天开始的时候,可以沿着公园的河滨走到**布里斯班发电站**(见100页)——一个由工业巨人转变而成的艺术中心。

☀ 在午餐时间,走进 Watt(见108页)或 Bar Alto(见109页),欣赏新旧结合的内饰、变换的临时展览,品尝咖啡。继续沿着河畔漂亮的新农场—纽斯特德自行车道(New Farm–Newstead Bike Path)向北行驶2公里,从那里你需要沿着 Skyring Tce 向北步行750米,走到河畔的水滨公园(Waterfront Park)。继续沿着 Skyring Tce 进入 Gasworks Plaza,这里曾经是一个工业园区,后来变成了高档住宅区和购物区。它的南侧是时尚的 **Newstead Brewing Co**(见110页)。再往南就是 Commercial Rd Antiques。

🌙 在它的东北方向有几处啤酒花闪现的地方,那是纽斯特德的另一家著名啤酒厂——**Green Beacon Brewing Co**(见109页)。不过,在 Newstead Brewing Co 以西两个街区的地方,你还会发现 **The Triffid**(见109页)——你可以在那里开始摇滚之夜。

新农场当地生活,见102页。

👁 顶级景点

布里斯班发电站(见100页)

🔍 当地生活

新农场漫步(见102页)

❤ 布里斯班和黄金海岸最佳

就餐
New Farm Confectionery(见106页)
Watt(见108页)
Balfour Kitchen(见107页)

饮品和娱乐
The Triffid(见109页)
Green Beacon Brewing Co(见109页)
Moonlight Cinema(见110页)

购物
Jan Powers Farmers Market(见101页)
Commercial Road Antiques(见111页)
Gasworks Plaza(见111页)

到达和离开

🚢 **渡轮** CityCat 在新农场南端的 Sydney St 和新农场公园停车。

🚌 **Bus** 199路从新农场开往佛特谷、城市、南岸和西区。300路、306路和322路从纽斯特德开往佛特谷、城市和南岸。

顶级景点
布里斯班发电站

曾经被废弃的发电站现在成为布里斯班发电站（Brisbane Powerhouse）——一个充满活力的文化中心，极富创意、人潮拥挤。在这里，阴暗的工业空间形成了令人难忘的背景，可供举办创新艺术展览、戏剧和舞蹈、现场音乐和喜剧等活动。再加上优美的河景和几家熙熙攘攘的餐馆，来到这里你就已经获得了在这座城市最令人振奋的体验。

见104页地图，D4

售票处 07-3358 8600，接待处 07-3358 8622

www.brisbanepowerhouse.org

119 Lamington St, New Farm

周二至周日 9:00~21:00

195、196，New Farm Park

布里斯班发电站

表演

前往布里斯班发电站的主要原因是其全年的文化盛宴。任何一个月都有各种各样的当地和国际演出，从脱口秀、粗俗的歌舞表演和现代舞表演，到令人兴奋的戏剧、百老汇音乐复兴，以及让人想起柏林的前卫的马戏艺术，都很精彩。这个发电站是一系列年度布里斯班节日的中心，节日包括**布里斯班的喜剧节**（Brisbane Comedy Festival; www.briscomfest.com; ⏰2/3月）、**昆士兰卡巴莱歌舞节**（Queensland Cabaret Festival; www.queenslandcabaretfestival.com.au; ⏰6月）和LGBT的**Melt**（www.brisbanepowerhouse.org/festivals; ⏰1/2月）。

工业建筑

该发电站由建筑师Roy Rusden Ogg设计，并于1928年至1940年之间分段建成，它为布里斯班已经废弃的有轨电车系统（当时南半球最大的有轨电车网络）提供电力。在1971年正式被废弃的时候，这座建筑变成了一处工业遗址，然后它变成了今天你所看到的充满活力的艺术中心。负责重建工作的是建筑师彼得·罗伊（Peter Roy），他确保了这座建筑在重建后仍然保持着原来显著的历史特征。

农贸市场

周六上午，发电站为熙熙攘攘的**Jan Powers Farmers Market**（www.janpowersfarmersmarkets.com.au; ⏰周六 6:00至正午）成了一个令人难忘的场所。这是该市最受欢迎的每周农贸市场之一，吸引了来自各个城镇的当地人。你可以乘坐一艘CityCat的双体船，享受一场手工制作的美食盛宴——从布里斯班制造的bûchette de Chèvre奶酪和Frankenlaib面包香饼，到盐焗焦糖拉明顿巧克力椰丝方形蛋糕（salted-caramel lamingtons），都很有吸引力。

☑ 独家贴士

▶ 全年都有免费的活动，包括艺术展览、发人深省的演讲，以及每周为5岁以上的孩子和他们的家长举办的"Powerkids"创意游戏。后者由艺术家主持，他们让年轻的参与者参与各种艺术活动，从舞蹈、戏剧到数字和视觉艺术都有。有关所有即将到来的免费活动请见发电站网站。

🍴 吃喝落脚点

你可以在Bar Alto（见109页）的阳台上享用美妙的意大利葡萄酒和意大利风味的小酒馆菜肴。楼下充满活力、热闹非凡的当代餐馆Watt（见108页）同样是一个令人兴奋的选择。

当地生活
新农场漫步

舒适而古老的新农场是布里斯班最迷人的地方。精致的木屋旁是布满九重葛的慵懒街道和凉爽的小咖啡馆,你可以在那里品尝香甜的当地产品。这是一个适合在水边轻松漫步和探索建筑的好地方。在周末前来,这里有熙熙攘攘的市场,你可以在河边喝着饮品,听着小曲,度过漫长而慵懒的下午。

❶ Chouquette

先在布里斯班顶级的甜品店 **Chouquette**(☎07-3358 6336; www.chouquette.com.au; 19 Barker St; 单品 $2.50~11; ⓧ周三至周六 6:30~16:00, 周日 至次日0:30; ☒; ☒195、196、199)吃一些甜点。如果幸运的话,你可以找到一张街边餐桌,那是就着法国糕点观看咖啡制作和人潮的最佳地点。对于当地人来说,这是一个备受喜爱的早晨散步地点,尤其是在周六和周日

新农场漫步

的早晨,你会看到许多戴着太阳镜和拿着报纸的情侣四处闲逛。

❷ Mark St

新农场自诩拥有一些布里斯班最美丽的传统房屋,你在Mark St沿线就会发现一些。漫步于这两个街区之中,你会欣赏到迷人的建筑细节,从带有荷叶边铸铁或木栏杆的环绕式阳台,到网格状的木质屏风、百叶窗和装饰性的窗檐,多种多样。与它们形成鲜明对比的是后面布里斯班摩天大楼的屋顶。

❸ 新农场公园

新农场公园(New Farm Park; www.newfarmpark.com.au; Brunswick St; ⏰24小时; 🚌195、196, ⛴New Farm Park)是当地人的集体后院,他们在这里散步,接受私人教练的指导,或者干脆让孩子们在莫顿湾的无花果树丛中随意玩耍。在周六早上,你会在备受欢迎的Jan Powers Farmers Market发现大量的浆果、奶酪和其他的地区美食。

❹ 布里斯班河边大道

在任何一个上午或下午,你会发现精力充沛的当地人沿着**人行步道**(pedestrian promenade; 🚌195, 196, ⛴Sydney St)慢跑或骑自行车,这条人行步道从布里斯班发电站一直延伸到偏远北部的特内里费(Teneriffe)。这是一条风景优美的道路,一侧是河流,另一侧是人们梦寐以求的房屋。你可以留心观察一下被列入遗产名录的CSR Refinery——由19世纪晚期的制糖厂改造而成的公寓大楼。

❺ Sourced Grocer

悠闲的**Sourced Grocer**(☎07-3852 6734; www.sourcedgrocer.com.au; 11 Florence St, Teneriffe; 菜肴 $/~23; ⏰周一至周六 7:00~15:00, 周日 8:00~15:00, 商店 周一至周四 7:00~20:00, 周五 至19:00, 周六 至17:00, 周日 至16:00; 🚌199、393, ⛴Teneriffe)在特内里费的一条小街上,在那里,你可以坐在铺着软垫的牛奶箱上,一边啜饮香醇的咖啡,一边品尝精美的菜肴。这里的食物看重质量,选用当地食材,把哲学延伸到了货架上的食物中。在这里可以尝到不同寻常的当地美食,可能包括泰国罗勒和高良姜风味的苏打糖水。

104 新农场

烟花美术馆

景点

烟花美术馆
画廊

1 见104页地图，B1

　　这里看起来像是一个车库，但实际上是布里斯班最受欢迎的商业画廊之一。这里展览的主要是来自新兴和知名的澳大利亚艺术家的绘画和雕塑作品，全部出自当代澳大利亚原住民和非原住民艺术家之手。团体展览非常常见。(Fireworks Gallery; 07-3216 1250; www.fireworksgallery.com.au; 52a Doggett St, Newstead; 周二至周五 10:00~18:00，周六 至16:00; 300、302、305、306、322、393、470)

埃德温娜·科莱特画廊
画廊

2 见104页地图，A3

　　这个令人耳目一新的画廊以展示来自澳大利亚和亚太地区的新兴和处于事业发展期的艺术家的有趣作品而闻名。这里既有个人展览，又有团体展览，包括绘画、版画、雕塑、摄影、数码艺术和装置艺术等一系列作品。(Edwina Corlette Gallery; 07-3358 6555; www.edwinacorlette.com; 2/555 Brunswick St, New Farm; 周二至周六 10:00~17:00; 195、196、199)

当地生活

布里斯班河边大道

布里斯班河边大道(见104页地图,A4;⊗Sydney St;☒195、196)位于该市开阔的棕色水道之上,为观赏布里斯班的天际线提供了一种新颖的方式。这条道路全长870米,包含独立的步行和骑行道,连接新农场和霍华德街码头(Howard St Wharves),可从霍华德街码头继续前往布里斯班中心。这条大道替代了原先的水上通道,那条水上通道在2011年洪水中被冲垮。

Suzanne O'Connell Gallery 画廊

3 见104页地图,B2

这座私人画廊坐落在一座传统的昆士兰建筑中,展示了来自大陆的优质土著艺术。作品包括绘画、雕塑、陶器、树皮和纤维艺术品。登录网站查询展览开放时间。(☎07-3358 5811;www.suzanneoconnell.com;93 James St,New Farm;免费入场;⊗周三至周六11:00~16:00;☒470)

就餐

New Farm Confectionery 甜点 $

4 见104页地图,B3

对于嗜好当地甜品的人,可以挤进这家小型甜品店,它位于New Farm Six Cinemas边上。从夏威夷果脆糖和巧克力外皮马达加斯加香草棉花糖,到黑莓白巧克力饼,产品全部采用天然、优质食材制作。怀旧人士不应错过果味甜粉,它采用水果制作,配以棒棒糖,可以蘸食。(☎07-3139 0964;www.newfarmconfectionery.com.au;14 Barker St,New Farm;甜点$3起;⊗周三和周四10:00~18:00,周五和周六至21:30;☒195、196、199)

Little Loco 咖啡馆 $

5 见104页地图,C3

新农场这家当地小餐馆通体白色,四处点缀着绿色植物。提供健康菜肴,例如Green Bowl。Green Bowl包括羽衣甘蓝、菠菜、花椰菜苗、羊乳酪、石榴籽、鳄梨和杜卡(dukkah),美味可口。素食和原始饮食菜品为数不少,还有乳制品和无谷蛋白食品。之所以如此注重健康因素是因为这家咖啡馆的老板是布里斯班足球运动员丹尼尔・鲍尔斯(Daniel Bowles)。(☎07-3358 5706;www.facebook.com/littlelococafe;121 Merthyr Rd,New Farm;早餐$8~17,午餐$14.50~17;⊗周一至周五6:00~15:00,周六和周日6:30~14:30;☒196、199、195)

Double Shot 咖啡馆 $

6 见104页地图,B5

这家小巧玲珑的咖啡馆带有可爱迷人的木质门廊、修剪整齐的树篱和清新亮丽的家具,深受上顾客青睐:享用早午餐的妈妈们,遛狗人士和打扮光鲜、西装革履的房地产经纪人。同新农场员工一起品味精美咖啡、乳清干酪椰蓉面包、西班牙沙丁鱼酸面包或者提神醒脑的青木瓜、椰子和鸡肉沙拉。周五15:00起出售西班牙小吃。(📞07-3358 6556; www.facebook.com/doubleshotnewfarm; 125 Oxlade Dr, New Farm; 主菜 $11.50～19.50; ⏰周三、周四和周六 7:00～15:00, 周五至21:00, 周日8:00～15:00; 🚌196, 🚏Sydney St)

特别受欢迎的粉蒸肉。有益健康的零食包括大枣松露和迦法柑橘片,最好配上一种辣味的、无咖啡因的"黄金拿铁"(用姜黄、肉桂、蜂蜜、椰子油、胡椒和藏红花制成)。(📞07-3252 2595; www.wildekitchen.com.au; Macqaurie St和Florence St交叉路口, Teneriffe; 菜肴 $9.50～19.50; ⏰6:30～14:30; 📶🚻; 🚌199, 🚏Teneriffe)

Wilde Kitchen 健康食品 $

7 🍴 见104页地图, C2

在这家简单、低调的咖啡馆里,菜单上的所有东西都是原始饮食、素食、无麸质或无乳食品。早餐可以吃一些温热的椰子和青竹米饭,午餐可以来一些

Balfour Kitchen 新派澳大利亚菜 $$

8 🍴 见104页地图, A3

落座于餐厅、游廊还是在庭院的赤馨花丛中就餐? 这个窗明几净的咖啡馆兼餐馆抛出这样一个昆士兰特色难题。无论就座何处,铺着亚麻布的餐桌、精美绝伦

了解当地
房地产泡沫

2008年全球金融危机(GFC)爆发时,西方世界的经济学家和银行家们发现大事不妙:"完了! 我们一直在把钱借给无力偿还的人们,而他们一直把钱花在高昂的房屋贷款上。"但房地产价格也大幅下跌。不过澳大利亚并没有这样: 当时繁荣的采矿业正如火如荼地进行着,没有人会担心荒谬的房价,澳大利亚人还是一个劲地购买昂贵的房产,推动着市场的发展。

现在,随着采矿业的繁荣,社会已经达到了一个临界点,房产的均价是家庭年均收入的五倍以上——澳大利亚的房地产价格是世界上最难以负担的地区之一。现在,对于第一次买房的年轻人来说,想要在布里斯班买房几乎是不可能实现的。

对于房地产泡沫即将破裂的担忧是普遍存在的,但只要利率保持在低位,而且人们认为澳大利亚是"幸运的国家",并在某种程度上不受全球冲突的影响,昆士兰房地产的吸引力将很难消失。

的菜肴都会令你赞叹不已，不管是搭配榛子、巧克力甘那许（ganache）和酸樱桃的清晨糕点法式吐司，还是配以焦嫩菜花和红辣椒大蒜酱（pil-pil sauce）的热熏澳洲肺鱼，都很美味。周日午餐时分，上演现场音乐。（☎1300 597 540；www.spicersretreats.com/spicers-balfour-hotel/dining；Spicers Balfour Hotel, 37 Balfour St, New Farm；早餐$14~25，晚餐 主菜$32~38；⏰周一至周五6:30~11:00，正午至14:30和17:30~20:30，周六和周日7:30起；🚌195、196、199）

Himalayan Cafe 尼泊尔菜 $$
9 🍴 见104页地图，B3

这家自由奔放、气氛祥和的餐馆点缀着大量经幡，提供地道的藏族和尼泊尔风味，吸引食客光顾。美食包括入口即化的fhaiya deakau（羊肉配以蔬菜、椰奶、酸奶油和香料）。来一起念诵这家餐馆的经文："愿赐予每一位生者积极的力量。"（☎07-3358 4015；640 Brunswick St, New Farm；主菜$16~27；⏰周二至周四和周日17:30~21:30，周五和周六 至22:30；🍴；🚌195、196、199）

Watt 新派澳大利亚菜 $$
10 🍴 见104页地图，D4

这家餐馆位于布里斯班发电站的河岸线上，轻松随意，新潮时髦，在这里适合长时间悠闲品酒和观察行人。不要拘束，点上一些酒吧小吃，例如古巴鱼炸玉米饼和曼彻格奶酪炸丸子，或

新农场公园（见103页）

者预订餐厅内的一张餐桌享用"农场至餐桌"食品,例如配以熏火腿、榛子、西洋菜香蒜沙司和帕尔马干酪的本迪戈(Bendigo)野兔宽面条。(☎07-3358 5464; www.wattbrisbane.com.au; Brisbane Powerhouse, 119 Lamington St, New Farm; 酒吧食品 $10~29,餐厅 $25~34; ⏰周一 10:30~18:00,周二至周五 至22:00,周六和周日 8:00~22:00; 🚌195、196,🏞New Farm Park)

Bar Alto
意大利菜 $$$

这家时尚轻快的楼上酒吧兼餐馆与Watt(见10 见104页地图,D4)一样位于艺术气息浓厚的布里斯班发电站内,拥有巨大的阳台,吸引文化爱好者和追求生活品位的人,在这里随时能够欣赏壮丽河景。它采用本地食材烹制意大利风味菜肴,例如扳手蟹面丸。酒水单内容丰富,包含一大批诱人的意大利品类。如果周五至周日就餐,记得预订(夏季,周日午餐可能提前数周预订一空)。(☎07-3358 1063; www.baralto.com.au; Brisbane Powerhouse, 119 Lamington St, New Farm; 主菜 $27~33; ⏰餐厅 周二至周四和周日 11:30~21:00,周五和周六 至22:00,酒吧 周二至周日 9:30至深夜; 🚌195、196,New Farm Park)

饮品

The Triffid
酒吧

11 🚇 见104页地图,B1

这家酒吧不仅拥有一个精美绝伦的啤酒花园(附带船运集装箱吧台和颂扬布里斯班乐队的盒式磁带主题壁画),而且还是本市顶级现场音乐举办地之一。音乐活动有本国和外国才俊参与,表演场地就是一个桶形穹顶的"二战"飞机库,音响效果无与伦比。这个地方的老板是Powderfinger前贝斯手约翰·柯林斯(John Collins)。(☎07-3171 3001; www.thetriffid.com.au; 7-9 Stratton St, Newstead; 🚌300、302、305、306、322、393)

Green Beacon Brewing Co
精酿啤酒厂

12 见104页地图,B1

这家酒馆就在一个又大又深的仓库之内,仓库位于后工业化的特内里费,出产一些布里斯班最佳啤酒。这些琼浆玉液装在不锈钢大桶之中,放在长长的吧台后

> ✅ **独家贴士**
>
> **整夜的浓咖啡**
>
> 新农场是布里斯班唯一一家24小时营业的咖啡吧Death Before Decaf(3/760 Brunswick St; ⏰24小时; 🚌195、196、199)的所在地。无论是白天还是黑夜,这个地方都供应城镇上最好的咖啡。这对失眠症患者,还有那些在邻近的纽斯特德或佛特谷游荡、寻求清醒的人来说,真是个好消息。

面发酵,然后通过水龙头倒出,满足顾客味蕾享受。可选类型包括六种核心啤酒,或者季节性特供啤酒,例如红橙色IPA。感到饥饿?美食包括新鲜当地海鲜,而且前门外面总有一辆流动餐车。(☎07-3252 8393; www.greenbeacon.com.au; 26 Helen St, Teneriffe; ⊙正午至深夜; ⓢ; ⓟ393、470、⛴Teneriffe)

Newstead Brewing Co   精酿啤酒厂

13 🍺 见104页地图,B1

这里曾是公交车库,现在是酒如泉涌的小酿造厂,12个龙头供应六种标准自酿啤酒、一种苹果酒和五种季节性啤酒(被一个员工称为"fun stuff")。如果想对这里的酒品有个大致的了解,可以喝上一酒板(包含四种不同啤酒)。如果啤酒不能令你尽兴,那就喝点鸡尾酒、精酿烈酒或者葡萄酒。葡萄酒产自为数不多的几个出类拔萃的小厂。(☎07-3172 2488; www.newsteadbrewing.com.au; 85 Doggett St, Newstead; ⊙11:00至午夜; ⓟ60、393、470、⛴Teneriffe)

Bitter Suite   酒吧

14 见104页地图,C3

这个高大的红砖仓库隐藏在新农场的一条安静的后街上,被改造成了一个充满活力的啤酒谷仓。这里有60余种精酿啤酒,还有超级美味的自制酒吧食物(北京烤鸭薄饼)和周末早餐(柠檬烤饼,有人要吗?)。(☎07-3254 4426; www.bittersuite.com.au; 2/75 Welsby St; ⊙周二至周四 11:30~22:30,周五至23:30,周六8:00~23:30,周日8:00~22:00; ⓟ196、199)

Gertie's Bar & Lounge   葡萄酒吧

15 🍺 见104页地图,B3

似乎总是有当地人在Gertie's的折叠窗户后喝着葡萄酒和鸡尾酒。这是一个忧郁而老派的地方,放着古老的灵魂音乐,墙上挂着复古照片,地上铺着格子地板。这里是一个品尝马提尼酒和观看人群的好地方,但食物却有些不尽如人意。(699 Brunswick St, New Farm; ⊙周二和周三 17:00至午夜,周四至周六 16:00起,周日16:00~23:00; ⓟ195、196、199)

娱乐

New Farm Six Cinemas   电影院

16 ⭐ 见104页地图,B3

当那些热带天堂开门迎客之时,可以来到新农场历史悠久的Six Cinemas享受清静。最近经过改建和修复,它的六个顶级放映厅上演主流热门新片。周二,节俭的电影爱好者蜂拥而至,此时所有票价一律$8。(☎07-3358 4444; www.newfarmcinemas.com.au; 701 Brunswick St, New Farm; 成人/儿童 $16/10; ⊙10:00至深夜; ⓟ195、196、199)

Moonlight Cinema   电影院

从12月上旬至次年3月上旬,新农场公园就会变成一个户外电影院,周三至周日,在布里斯班发电站(见100页)旁会放

购物 111

布里斯班河边大道（见106页）

映夜间电影。电影包括当前主流公映影片以及另类经典作品。早点儿到才能找到座位。(www.moonlight.com.au; Brisbane Powerhouse, 119 Lamington Rd, New Farm; 成人/儿童 $17/12.50; ⊘周三至周日 19:00; ☒195、196, ⚑New Farm Park)

购物

Commercial Road Antiques 古玩

17 见104页地图, B1

这个大杂烩店拥有各种各样的古董和复古物品。无论是寻找一台维多利亚时代的梳妆台、一把中世纪扶手椅还是一条20世纪60年代的连衣裙，或许都能在此得偿所愿。这里的古典玻璃器皿尤其出色，通常还有一些出类拔萃的部落和亚洲装饰品。(☏07-3852 2352; 85 Commercial Rd, Teneriffe; ⊘10:00~17:00; ☒393、470, ⚑Teneriffe)

Gasworks Plaza 购物中心

18 见104页地图, B1

这座精致的小型购物中心既有室内又有户外场地，位于纽斯特德重新开发的煤气厂，里面有咖啡馆、酒吧和特色食品商店。零售商包括大型连锁超市Woolworths。(www.gasworksplaza.com.au; 76 Skyring Tce, Newstead; ⊘超市 7:00~21:00, 其他商店时间不定; ☒60、300、302、305、306、322、393, ⚑Teneriffe)

探索

袋鼠角和乌龙戈巴

  袋鼠角（Kangaroo Point）位于城市中心以东的一座蜿蜒的半岛上。它雄伟的故事桥（Story Bridge）和令人头晕目眩的西部悬崖，为布里斯班的天际线增添了一种电影大片的感觉。你可以在桥上和悬崖上游览，而下面的河岸则有许多迷人的水道。乌龙戈巴（Woolloongabba）是一处经常被忽视的内陆郊区，在那里，建筑遗产和古董店会给你带来一段惬意的时光。

一日游行程

在乌龙戈巴，一不小心就会度过一个上午或下午，你可以在Logan Rd上的咖啡馆或法式小馆吃一顿早午餐或午餐，然后走进一两个画廊参观，在Trafalgar St拍下街头艺术的照片，在乌龙戈巴古玩中心寻宝。

下午，在袋鼠角的**Cliffs Café**（见116页）喝一杯咖啡，稍事休息，然后沿着悬崖底部的台阶向下走，根据旅行指南，租一辆自行车或皮划艇回到河边。如果你特别喜欢刺激的活动，可以预订**Story Bridge Adventure Climb**（见115页；见左图），夕阳西下的时候是好时机。

天黑以后，在**Story Bridge Hotel**（见118页）的啤酒园喝啤酒，或是到附近的**Brisbane Jazz Club**（见119页）休息，伴着宁静而迷人的音乐，欣赏浪漫的天际线景观。

布里斯班和黄金海岸最佳

活动

Story Bridge Adventure Climb（见115页）

Riverlife（见115页）

就餐

1889 Enoteca（见117页）

Pearl Cafe（见117页）

Sorellina（见117页）

饮品和娱乐

Canvas Club（见118页）

Story Bridge Hotel（见118页）

Brisbane Jazz Club（见119页）

到达和离开

公共汽车 234路公共汽车穿越袋鼠角。向北行驶的公共汽车在佛特谷的Wickham Tce停车，继续前往布里斯班。向南行驶的公共汽车的终点站是乌龙戈巴公共汽车站。在乌龙戈巴公共汽车站有多条直达南岸和布里斯班的线路。

渡轮 免费的CityHopper渡轮在袋鼠角的三个汽车总站都有站点。袋鼠角跨河渡轮（Kangaroo Point Cross River Ferry）分别从Holman St和Thornton St总站开往布里斯班的Eagle St码头。

袋鼠角悬崖（见119页）

景点

Riverlife

探险运动

1 ⊙ 见114页地图，B3

　　Riverlife位于袋鼠角悬崖脚下，组织丰富多彩的城市冒险活动。可以选择攀岩（$55起）、绳降（$45）或河上皮划艇之旅（$45起）。皮划艇之旅包括周五和周六晚上的饮酒和美食之旅"Paddle and Prawns"（$85）。同时它也对外出租自行车、皮划艇和轮滑鞋。(☎ 07-3891 5766; www.riverlife.com.au; Naval Stores, Kangaroo Point Bikeway, Kangaroo Point; 租赁自行车/轮滑鞋 每4小时 $35/40, 皮划艇 每2小时 $35; ⏰ 9:00~17:00; 🚌 Thornton St)

Story Bridge Adventure Climb

探险运动

2 ⊙ 见114页地图，B1

　　攀爬布里斯班最知名的大桥充满惊险刺激，可以让你在清晨、黄昏或夜晚观赏无与伦比的市区美景。攀爬大桥的南半段，全程2小时，最后到达蜿蜒混浊的布里斯班河上方80米处。每月最后一个周六举行黎明攀爬。攀登大桥者的年龄不得低于10岁。(☎ 1300 254 627; www.sbac.net.au; 170 Main St, Kangaroo Point; 攀爬 $100起; 🚌 234, 🚌 Thornton St、Holman St)

Guido Van Helten Mural　　　公共艺术

3 ◎ 见114页地图，C5

这幅巨型单色壁画位于Trafalgar St的一个停车场里，由布里斯班街头艺术家Guido Van Helten创作完成。作为澳大利亚最成功的街头艺术家之一，Van Helten为2016年的布里斯班街头艺术节创作了这幅壁画。(Trafalgar St, Woolloongabba)

Milani　　　画廊

4 ◎ 见114页地图，C5

一个备受赞誉的商业画廊，展示前卫的土著艺术品和对立性当代艺术品。它位于乌龙戈巴的一个工业地带，四周都是车场和美容设备供应商。如果看起来已经关门，那就转动门把手开门。(☏07-3391 0455；www.milanigallery.com.au；54 Logan Rd, Woolloongabba；免费入场；◉周二至周六11:00~18:00；🚌174、175、204)

就餐

Baker's Arms　　　面包房 $

5 🍴 见114页地图，A5

这家常年繁忙的乌龙戈巴面包房装饰着伦敦主题的壁纸和黑森的咖啡袋，里面有新鲜出炉的蛋糕和水果馅饼，还有咖啡馆标准的蛋类菜肴、汉堡和有趣的沙拉(想想猪肉和腌西瓜)。这里的咖啡香醇，一边品尝香醇的咖啡，一边翻阅一堆堆日报，别提有多惬意了。(☏07-3391 6599；www.thebakersarms.com.au；29 Logan Rd, Woolloongabba；点心 $3.50起，菜肴 $8~18.50；◉7:00~15:00；🚌125、175、204、234)

Cliffs Cafe　　　咖啡馆 $

6 🍴 见114页地图，B3

这家咖啡馆地势很高，可以远眺河流、天际线和城市植物园，堪称布里斯班最佳赏景地点。这是一家随意的开放式咖啡馆，提供丰盛早餐、烤面包、汉堡、炸鱼和薯条、沙拉以及甜点。虽然食物不

了解当地
体育生活

昆士兰人喜欢体育：他们观看体育、谈论体育、投身体育。在"观看体育"这一方面，在一年一度、三局两胜的州际橄榄球联盟比赛中，昆士兰州的"野马队"和新南威尔士州的"蓝调队"之间展开角逐，昆士兰州在2015年和2016年赢得了胜利。除了在2014年昆士兰州因一时失误把冠军拱手让给了新南威尔士州之外，自2006年以来每次赢得该比赛的都是昆士兰州。

一定令你百分之百满意,但是如诗如画的全方位无死角景致一定会。喝杯咖啡或啤酒,回忆甜蜜往事。(☎07-3391 7771; www.cliffscafe.com.au; 29 River Tce, Kangaroo Point; 菜肴 $6.50~19.50; ⏰7:00~17:00; 🚌234)

Pearl Cafe 咖啡馆 $$

7 🍴 见114页地图, A5

这家欧式咖啡馆融合了墨尔本和巴黎氛围,它是布里斯班最受青睐的周末早午餐地点之一。柜台陈列着新鲜出炉的蛋糕,货架上摆放着精美酒水,菜单包含诱人的咖啡馆菜肴。忽略之善不可陈的鳄梨烤面包,选择更加诱人的食品,例如受人欢迎、白天供应的小猪排。三明治厚实,通常馅料十足。(☎07-3392 3300; www.facebook.com/pearl.cafe.brisbane; 28 Logan Rd, Woolloongabba; 主菜 $16~34; ⏰周三至周六 7:00~20:00, 周二和周日 至15:00; 🚌125、175、204、234)

Sorellina 比萨 $$

8 🍴 见114页地图, A5

"Little Sister"提供比萨2.0体验:基安蒂红葡萄酒被有机、生物动力的葡萄酒所取代,那不勒斯的海报被鲍伊的肖像画所取代。然而,好的传统并没有被抛弃:Sorellina清淡、松软,那不勒斯风味的比萨使用优质的意大利面粉制作而成,在经过36个小时的冷却之后,再放到木火里烤制。尝一尝辣椒口味的Tuscan甘蓝比萨,最好搭配一杯Napoli Fizz。(☎07-3391 8459; www.sorellinapizzeria.com; 31 Logan Rd, Woolloongabba; 比萨 $20~24; ⏰周二至周日 17:00至深夜, 周五至周日 正午至14:30; 🚌125、175、204、234)

1889 Enoteca 意大利菜 $$$

9 🍴 见114页地图, A5

追求纯正口味的意大利食客理应迷恋这家气氛不错、高雅精致的餐馆,这里的意大利面不配餐勺(除非要求提供)。菜单以罗马风味为主,菜品令人垂涎,包括carciofi alla Giuda(配以欧芹和柠檬马斯卡彭奶酪的犹太—罗马式炒洋蓟),以及配以猪肉和茴香香肠、帕尔马奶油和黑松露橄榄酱的入口即化的面丸。葡萄酒无与伦比,包括备受好评的意大利小厂生产的品类。(☎07-3392 4315; www.1889enoteca.com.au; 10-12 Logan Rd, Woolloongabba; 意大利面 $21~42, 主菜 $32~49; ⏰周二至周五 正午至14:30和18:00~22:00, 周六 18:00~22:00, 周日 正午至14:30; 🚌125、175、204、234)

Catbird Seat Bistro 新派澳大利亚菜 $$$

10 🍴 见114页地图, C5

Catbird Seat在法式格子窗的后面,拥有一种温馨而亲切的氛围,这里的弯木椅、黑板上的特色菜和小吧台在某种程度上给人一种巴黎的感觉。加入美食家和无可救药的浪漫主义者们,品尝一下这里精美的菜肴吧,包括鳄鱼肉馅的当地馄饨、新鲜的豌豆团子、意大利乳清干酪、薄荷和柠檬。鱼非常新鲜,都是当天早上打捞上来的。(☎07-3392 2645; www.catbirdseatbistro.com.au; 2/888 Stanley St East, East Brisbane; 主菜 $28~36; ⏰周二至周五 正午至14:30和17:30~21:00,周六 17:00~21:00; 🚍184、185、210、212、230、235)

一边探讨街头艺术壁画的象征意义,一边啜饮季节性酒水,例如Don Pablo(朗姆酒、阿马罗和苹果肉桂泡沫)或水润丝滑的Bangarang(龙舌兰、西瓜、酸橙和炼乳),无与伦比。(☎07-3891 2111; www.canvasclub.com.au; 16b Logan Rd, Woolloongabba; ⏰周二至周五 正午至午夜,周六和周日 10:00起; 🚍125、175、204、234)

饮品

Canvas Club 鸡尾酒吧
11 🚇 见114页地图, A5

这家酒吧恰好位于乌龙戈巴的餐饮和购物主街之上,营造出一种适合品味浓郁鸡尾酒的时尚风雅环境。你可以

Story Bridge Hotel 小酒馆
12 🚇 见114页地图, B2

这座美丽的酒馆和啤酒花园建于1886年,位于袋鼠角的桥下,非常适合在走了一整天之后进来喝上一大杯。这

The Gabba(见119页)

娱乐

里定期举行现场音乐表演,同时也是精美的餐饮区。(☎07-3391 2266; www.storybridgehotel.com.au; 200 Main St, Kangaroo Point; ⊙周日至周四 6:30至午夜,周五和周六 至次日1:30; ◎234, ◎Thornton St、Holman St)

娱乐

Brisbane Jazz Club
爵士乐

13 见114页地图, B1

这家小巧玲珑的河畔爵士小屋就位于河口,自从1972年以来就是布里斯班的爵士乐地标。任何爵士乐名人来此巡演的时候,都会选择这里作为演出场地。(☎07-3391 2006; www.brisbanejazzclub.com.au; 1 Annie St, Kangaroo Point; 成人/小于18岁 $31/11; ⊙周四至周六 18:30~23:00,周日 17:30~22:00; ◎Holman St)

The Gabba
体育场

14 见114页地图, C5

这座体育场位于乌龙戈巴。来到此处,可为澳式橄榄球联赛以及各州之间和国际板球赛事喝彩加油。如果对于板球一无所知,那就试看一场20/20比赛,这是该项运动最为激烈的形式。板球赛季从9月下旬至次年3月;橄榄球赛季从3月下旬至9月。(Brisbane Cricket Ground; www.thegabba.com.au; 411 Vulture St, Woolloongabba; ◎174、175、184、185、200)

购物

乌龙戈巴古玩中心
古玩

15 🔒 见114页地图, C5

布里斯班最大的古玩中心是名副其实的回忆的海洋和设计灵感的来源。在这里的60多个摊位上,可以找到原创和经过升级的家具(包括丹麦现代主义作品)、玻璃器皿收藏品、美国风格的藏品,更不用提那些与乡村摇滚乐爱好者和个人主义的时尚达人设计的复古时装了。这里有一间20世纪50年代风格的室内咖啡馆,还有一家理发店(通常在每个月的最后一个周日提供理发服务)。(Woolloongabba Antique Centre; ☎07-3392 1114; www.woolloongabbaantiquecentre.com; 22 Wellington Rd, Woolloongabba; ⊙9:00~17:00; ◎184、185、210、212、230、235)

独家贴士

悬崖探险

夜晚,布里斯班河南岸20米高的**袋鼠角悬崖**(◎234, ◎Thornton St)在灯光的照射下会呈现出一幅壮观的景象;在白天的时候,你可以攀爬悬崖或沿着悬崖绳降。

Pinnacle Sports(☎07-3368 3335; www.pinnaclesports.com.au; 2小时绳降 $80起, 3小时攀岩 $90起)的可选项目包括2小时日落绳降,还有前往格拉斯豪斯山(Glass House Mountains)的全天攀岩之旅。

120 值得一游

顶级景点
黄金海岸主题公园

到达和离开

公共汽车 黄金海岸旅游巴士（Gold Coast Tourist Shuttle）从黄金海岸机场开往黄金海岸主题公园（Gold Coast theme parks）。Surfside Buslines 也开往公园。

　　黄金海岸美国风格的主题公园里有反重力的过山车、水滑梯、电影角色和迪士尼式的娱乐活动，四面八方的澳大利亚家庭都慕名前来体验。

　　这里还有一些令人眼花缭乱的项目，虽然最近发生了一场悲惨的事故（梦幻世界），出现了一系列的故障，但仍然吸引着大量人群。

水上乐园

黄金海岸主题公园

梦幻世界

梦幻世界（Dreamworld; ☎07-5588 1111, 1800 073 300; www.dreamworld.com.au; Dreamworld Pkwy, Coomera; 成人/儿童 $65/55; ⏱10:00~17:00）自诩为澳大利亚最大的主题公园。项目包括Thrill Rides（惊险游乐设施）、摇摆世界（Wiggles World）和梦工厂（DreamWorks）体验活动。

海洋世界

海洋世界（Sea World; www.seaworld.com.au; 成人/儿童 $80/70; ⏱9:30~17:00）的海豚和海狮会表演特技，但这里也因其海洋节目而引起争议。

电影世界

电影世界（Movie World, ☎07-5573 3999, 13 33 86; www.movieworld.com.au; Pacific Hwy, Oxenford; 成人/儿童 $79/69; ⏱9:30~17:00）有电影主题展、骑行和景点游览，还包括Batwing Spaceshot、Justice League 3D Ride以及Scooby-Doo Spooky过山车。

水上乐园

水上乐园（Wet 'n' Wild; ☎07-5556 1660, 13 33 86; www.wetnwild.com.au; Pacific Hwy, Oxenford; 成人/儿童 $79/69; ⏱10:00~17:00）的终极滑水运动当属Kamikaze——从双人管道纵身跃下，以50公里/小时的速度降落，最后溅起11米高的水花。

激浪世界

激浪世界（Whitewater World; ☎1800 073 300, 07-5588 1111; www.dreamworld.com.au/whitewater-world; Dreamworld Pkwy, Coomera; 成人/儿童 $65/55; ⏱周一至周五 10:00~16:00, 周六和周日 至17:00）的特色是Cave of Waves、Pipeline Plunge等水上活动。

☑ 独家贴士

黄金海岸的大多数旅游局都有打折门票，在网上也可以买到。持Mega Pass（每人$110, 有效期14天）可以无限制进入海洋世界、华纳兄弟电影世界、水上乐园和天堂乡村（Paradise Country）。持夏季通行证可以无限制地进入梦幻世界和激浪世界（成人/儿童 $99/79）。

✕ 吃喝落脚点

公园里不允许携带食物和饮品，你必须在价格高昂的食品商店购买。可以考虑到附近的主海滩的Peter's Fish Market（见126页）或Pier（见127页）吃午餐。

探索

冲浪者天堂和主海滩

　　这片海岸可能是澳大利亚最具标志性的度假胜地,它为快乐而建,与阳光、冲浪和健美紧密相连。冲浪者天堂(Surfer's Paradise)波光粼粼,高楼大厦看起来就像属于一个虚拟的城市,但它庸俗的名声在一定程度上也有一些道理。不过,这在蓬勃发展的年轻精神、令人惊叹的健美身材、完美的气候和连绵不断的冲浪点面前,根本不值一提。

一日游行程

早点去海滩(夏季的日出时间是4:30)散步、游泳或冲浪,或者**乘坐热气球**(见126页)观看海浪,以一顿配有香槟的早餐给这个早晨画上一个句号。前往冲浪者天堂的**Bumbles Cafe**(见128页)喝一杯咖啡,然后到230米高的**天际观景台**(见126页)欣赏令人惊叹的风景,度过余下的上午时光。

Marina Mirage(见129页)位于冲浪者天堂北部的阔水区(Broadwater)旁边,是一个高档的购物区和用餐区,有一系列的午餐可供选择。下午,可以参加一次两小时的**冲浪课程**(见126页),或者在黄昏时分**划皮划艇**(见126页)前往雪佛龙岛各处。

夕阳西下时可以享用一顿牡蛎大餐。如果你想要参加一个派对,可以前往冲浪者天堂的**Elsewhere**(见128页)的舞池——活动在午夜之后开始。

布里斯班和黄金海岸最佳

活动
澳大利亚皮划艇探险(见126页)

岛屿探险(见126页)

夏恩·霍兰冲浪学校(见126页)

娱乐
黄金海岸艺术中心(见129页)

市场
美食农贸市场(见129页)

观景台
天际观景台(见126页)

到达和离开

公共汽车 Premier Motor Service和Greyhound有抵离布里斯班的巴士服务。

火车 TransLink城际列车有沿黄金海岸连接布里斯班和内兰(Nerang)、诺宾(Robina)、瓦斯特湖(Varsity Lakes)的火车服务(75分钟)。

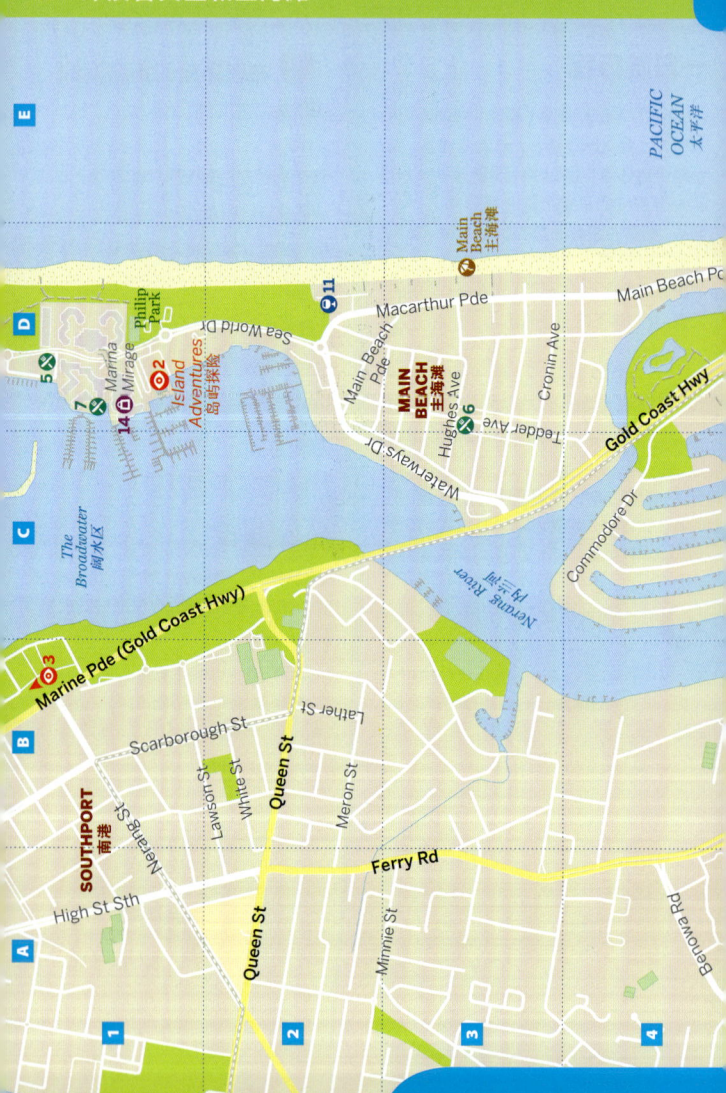

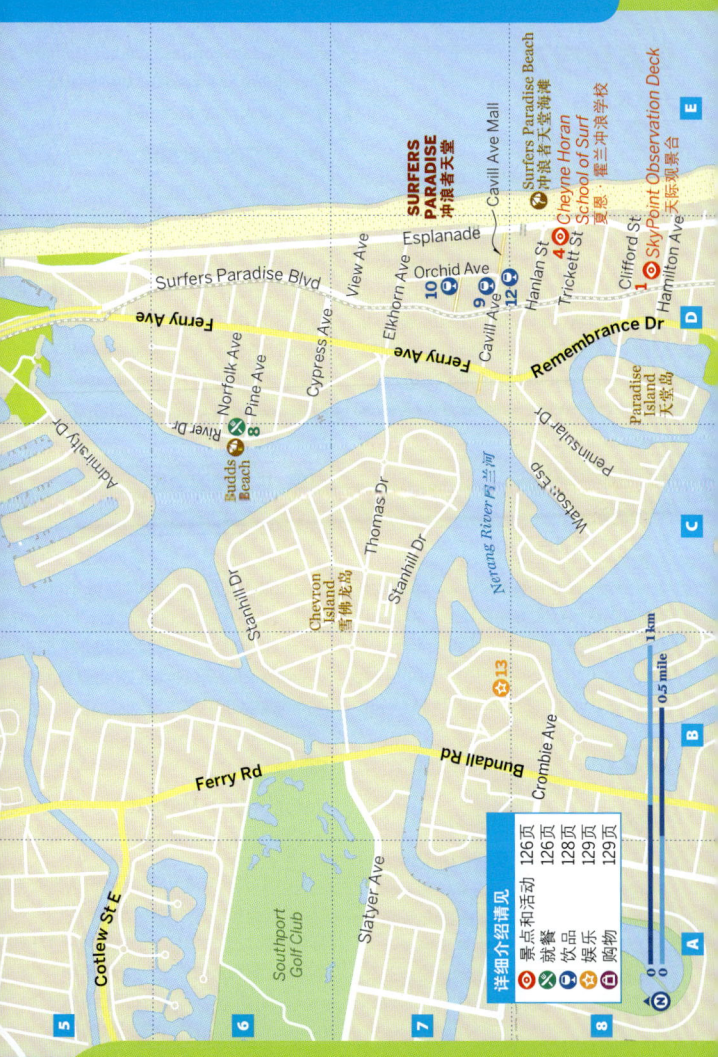

景点和活动

天际观景台
观景点

1 见124页地图, D8

欣赏冲浪者天堂最佳景致的方式就是躺在海滩浴巾之上。如想鸟瞰海岸和腹地，需要登上Q1大厦顶端附近、高达230米的观景台。Q1大厦是世界知名的摩天大楼之一。也可以尝试攀爬旋梯登上270米高的**天顶攀岩**（SkyPoint Climb；成人/儿童 $74/54）的塔尖。(SkyPoint Observation Deck; www.skypoint.com.au; Level 77, Q1 Bldg, Hamilton Ave, Surfers Paradise; 成人/儿童/家庭 $24/14/62; ⊙周日至周四 7:30~20:30, 周五和周六 至23:30)

岛屿探险
观鲸

2 见124页地图, D1

可以参加这个双体船巡游，观赏野生动物和阔水区宽大的麦克豪宅（McMansions）。行程包括水上运动和McLaren's Landing Eco Resort的烧烤午餐。(Island Adventures; ☎07-5532 2444; www.goldcoastadventures.com.au; Mariner's Cove, 60-70 Sea World Dr, Main Beach; 巡游含午餐 成人/儿童 $129/69)

澳大利亚皮划艇探险
皮划艇

3 见124页地图, B1

划船前往被人忽视的南斯特拉德布罗克岛（South Stradbroke Island），或者黄昏时分划船经由冲浪者天堂后面的平静运河，前往雪佛龙岛（Chevron Island）各处。(Australian Kayaking Adventures; ☎0412 940 135; www.australiankayakingadventures.com.au; 半日游 成人/儿童 $85/75, 日落游 $55/45)

夏恩·霍兰冲浪学校
冲浪

4 见124页地图, D8

可在这所学校学习乘风破浪，它由前职业冲浪手夏恩·霍兰（Cheyne Horan）经营。多课次套餐价格优惠。(Cheyne Horan School of Surf; ☎1800 227 873; www.cheynehoran.com.au; 2小时课程 $49; ⊙10:00和14:00)

就餐

Peter's Fish Market
海鲜 $

5 见124页地图, D1

一个实实在在的鱼市兼炸鱼和薯条店，出售新鲜海产和海产熟食。海产源自捕捞渔船，种类丰富、大小各异，而且价格合适。厨房正午营业。(☎07-5591 7747; www.petersfish.com.au; 120 Sea World Dr,

独家贴士

飞到很高很远的地方

在日出时乘坐Balloon Down Under (☎07-5500 4797; www.balloondownunder.com; 1小时飞行 成人/儿童 $279/225) 的热气球在黄金海岸上空飞行, 之后享用配有香槟的早餐。

Main Beach; 餐 $9~16; ⏰9:00~19:30)

Pier 新派澳大利亚菜、比萨 $$

一个简单但是超级时髦的码头边餐馆(见**14** 见124页地图, D1)，楼上和楼下就餐区都是欣赏游艇停泊区的完美场所。员工多为欧洲人，颇受客人好评，菜单灵活。木柴烤比萨可同炸饭团结合（另有一份菜单），还有其他大小菜肴，符合许多美食标准而且水平稳定。(📞07-5527 0472; www.piermarinamirage.com.au; Ground fl, Marina Mirage, Sea World Dr, Main Beach; 比萨 $18~24; ⏰正午至23:30)

Bar Chico 新派澳大利亚菜 $$

6 🍴 见124页地图, D3

这是Tedder大道新增的一家受人欢迎的欧式酒吧。光线昏暗、气氛浓郁，提供不同凡响的奶酪和熟食、鱼或肉类西班牙小吃以及大份的诱人沙拉。厨师比较关注细节，食品就在店内发酵和加工，还有许多高档食材。葡萄酒都是精心挑选的，其中包括一些相当出色的西班牙品类。(📞07-5532 9111; www.barchico.com.au; 26-30 Tedder Ave, Main Beach; 菜肴 $12~22; ⏰周一至周三 16:00至午夜, 周四至周日 正午起)

Providore 咖啡馆 $$

落地窗边饰以意大利矿泉水瓶，台灯悬挂于天花板之上，俊美的欧洲游客在店内落座，葡萄酒按杯出售，法式糕点精美无比，篮子里装满新鲜农产品，还有奶酪

观鲸

冰柜: 这个出类拔萃的熟食店兼咖啡馆做的每一样都恰到好处。它就位于Marina Mirage(见**14** 🔒 见124页地图, D1)。(📞07-5532 9390; www.providoremirage.com.au; Marina Mirage, 74 Sea World Dr, Main Beach; 主菜 $16~29; ⏰7:00~18:00)

Vie Bar & Restaurant 新派意大利菜 $$

7 🍴 见124页地图, D1

最温馨的范思哲餐厅也恰好拥有最好的海洋景观。这里的菜肴装盘时尚，并配以适当的酱料（呃，海鲜量少）；员工非常可爱，价格也不算贵。不要错过标志性的蟹肉宽面条——一种清淡的、原汁原

味的经典菜肴。(📞07-5509 8000; www.palazzoversace.com.au; Ground fl, Palazzo Versace, 94 Sea World Dr, Main Beach; 主菜 $29~40; ⏱周五至周一 正午至15:00和18:00~22:00; 🅿)

Bumbles Café 咖啡馆 $$

8 🍴 见124页地图, C6

此处绝佳之地是由一座住宅（实际曾是烟花场所）改造而成，它是享用早餐、甜食和咖啡的理想地点。这里有一系列房间，从粉红Princess Room（品味下午茶的完美场所）到阅览室，不一而足。这里也提供一些令人心仪的蛋糕。(📞07-5538 6668; www.bumblescafe.com; 21 River Dr, Budds Beach; 主菜 $14~24; ⏱7:30~16:00)

饮品

Elsewhere 夜店

9 🍷 见124页地图, D7

"周六狂热之夜"（Saturday Night Fever）风格的舞池预示了美好时光，这个小型的"先酒吧后夜店"场所主打DJ表演，DJ精通电子乐，包括一些出色的现场音乐。相比于其他地方，这里的顾客更加有型，这是一个待客热情、交谈者众多的地方，因此DJ会刻意提高音量。(📞07-5592 6880; www.elsewherebar.com; 23 Cavill Ave, Surfers Paradise; ⏱周四至周日 21:00至次日4:00)

Black Coffee Lyrics 酒吧、咖啡馆

10 🍷 见124页地图, D7

这个咖啡馆位于楼上一个意想不到的位置——在一个平淡无奇的商场内，环境与阳光明媚的冲浪者天堂真有天壤之别。这是一个光线昏暗、舒适宁静的地方，内部摆满古董家具，当地人来此品尝咖啡和西班牙小吃，享用牛排，品味波旁威士忌、精品啤酒和意式浓缩马提尼，直至深夜。周末早餐丰盛，10:00开始提供啤酒或血腥玛丽。(📞0402 189 437; www.facebook.com/blackcoffeelyrics; 40/3131 Surfers Paradise Blvd, Surfers Paradise; ⏱周二至周五17:00至深夜，周六和周日8:00起)

Southport Surf Lifesaving Club 夜店

11 🍷 见124页地图, D2

这个迷人通风的楼阁式夜店拥有

> **了解当地**
>
> ### 寻欢作乐的毕业生
>
> 每年11月，数以千计的毕业生涌向冲浪者天堂来庆祝他们高中学业的结束，他们会举办为期3周的派对，派对主题是"毕业生周"。尽管当局已经加以管制，但青少年酗酒和嗑药现象还是十分普遍。这可不是什么好事。更多信息参见www.schoolies.com。

娱乐

壮观景致。露天平台很早营业，提供咖啡，也可以来此享受慵懒的午后啤酒小酌。它是冲浪者天堂以北为数不多营业到较晚的地方之一。(www.sslsc.com.au; Macarthur Pde; ⊙6:30至午夜)

Beergarden
酒吧

12 🍷 见124页地图, D7

与其说它是一个花园，不如说它是一个涂着黑漆的啤酒仓库，这里有一座长长的阳台，可以俯瞰Cavill Ave上的酒吧，那里到处都是背包客和学生。在去俱乐部之前，可以在阳台喝点冷饮，或者观看一场定期的现场乐队和现场UFC（终极格斗冠军赛）表演，以及拳击比赛。祝你玩得开心。(www.surfersbeergarden.com.au; Cavill Ave, Surfers Paradise; ⊙正午至次日5:00)

娱乐

黄金海岸艺术中心
剧院、电影院

13 ⭐ 见124页地图, B7

艺术中心是内兰河（Nerang River）边的文化礼仪城堡，有两家影院、一家餐厅、一个酒吧、黄金海岸城市画廊（Gold Coast City Gallery）及可以容纳1200人的剧院。这家剧院会定期上演出色作品（如喜剧、爵士乐、歌剧、儿童音乐会等）。(Arts Centre Gold Coast; ☎07-5588 4000; www.theartscentregc.com.au; 135 Bundall Rd, Surfers Paradise; ⊙售票处 周一至周六 8:00~21:00, 周日 11:00~19:00)

购物

美食农贸市场
市场

周六早晨，Marina Mirage商场（见

14 🔒 见124页地图, D1) 的空地上设满摊位，出售当季果蔬、烘焙食品、腌菜、油、醋、海鲜、意大利面等，它们全部来自小型生产者和制作者。(Gourmet Farmers Market; ☎07-5555 6400; www.facebook.com/Marina Mirage Farmers Market; Marina Mirage, 74 Sea World Dr, Main Beach; ⊙周六 7:00~11:00)

Marina Mirage
购物中心

14 🔒 见124页地图, D1

在读这个名字的时候，你就会获得一半的乐趣。这个通风的、令人安心的小商场里有各种各样的商店，提供可靠的服务，还有一些很棒的饮食选择；每周六上午还有一个很棒的农贸市场在这里举办。(☎07-5555 6400; www.marinamirage.com.au; 74 Sea World Dr, Main Beach; ⊙10:00~18:00)

探索

伯利角和库兰宾

长期以来，伯利角（Burleigh）这个超级凉爽的冲浪地点一直是家庭游客的宠儿，而如今它已经变得很热门。这座城市温和的复古氛围和明显的青春活力造就了黄金海岸永恒的吸引力，以及它新潮的、越来越有趣的精神。在这里，你会发现一些分布于该地区的最好的咖啡馆和餐馆。

一日游行程

☀ 以 Paddock Bakery（见135页）新鲜的羊角包或 Borough Barista（见137页）的一碗奇亚籽早餐开启新的一天。

☀ 在周围地区观看野生生物，度过一天。**大卫弗莱野生动物园**（见134页）距离伯利角3公里，让你有机会探索穿越红树林的徒步小路，还可能看一场野生动物表演。你还可以沿着海岸，在**库兰宾野生动物保护区**（见134页）探访当地野生动物，然后在 Elephant Rock Café（见136页）吃午餐。

☾ 在回伯利角的路上，可以前往 Mick Fanning 的 **Balter**（见138页）啤酒坊，品尝一些啤酒，然后前往 **Harry's Steak Bistro**（见137页）美餐一顿，或是到 **Finders Keepers**（见137页）享用西班牙小吃风格的菜肴。

布里斯班和黄金海岸最佳

活动
联邦路（见135页）
库兰宾野生动物保护区（见134页）
黄金海岸海滨道（见135页）

饮品
Balter（见138页）
Cambus Wallace（见138页）
Burleigh Brewing Company（见139页）

儿童旅行体验
库兰宾野生动物保护区（见134页）

到达和离开

🚌 **公共汽车** Premier Motor Service 有数班从伯利角开往北部和南部各地的汽车，包括拜伦湾（$29~35）。Surfside Buslines 运营的当地702路公共汽车从黄金海岸机场开往南港，中途会在伯利角停车。

132 伯利角和库兰宾

景点

库兰宾野生动物保护区 野生动物保护区

1 ◎ 见132页地图, E8

这个低调的老式保护区有澳大利亚最大的热带雨林鸟舍,你可以亲手喂食色彩斑斓的吸蜜鹦鹉。你也可以喂袋鼠,与考拉和鳄鱼合影,观看爬行动物表演和原住民舞蹈。15:00后价格更实惠,学校放假期间,经常举办"成人享受儿童票价"活动。(Currumbin Wildlife Sanctuary; ☏1300 886 511, 07-5534 1266; www.cws.org.au; 28 Tomewin St, Currumbin; 成人/儿童/家庭 $49/35/133; ⊙8:00~17:00)

乡村市场 市场

2 ◎ 见132页地图, C1

这是一个长期运营的市场,参与者以本地设计师、制作商和收集商为主,拥有时装和生活用品摊位,还有现场音乐,深受当地人青睐。(Village Markets; ☏0487 711 850; www.thevillagemarkets.co; Burleigh Heads State School, 1750 Gold Coast Hwy, Burleigh Heads; ⊙每月第一个和第三个周日8:30~13:00)

大卫弗莱野生动物园 野生动物保护区

3 ◎ 见132页地图, C5

这座野生动物园由首位成功繁殖鸭嘴兽的医生创建。园里有4公里长的徒步

库兰宾野生动物保护区的吸蜜鹦鹉

路径，穿过红树林与热带雨林，全天都能看到当地的各种野生动植物。从伯利角往内陆行进大约3公里，可到达这个野生动物园。(David Fleay Wildlife Park；📞07-5576 2411；www.nprsr.qld.gov.au/parks/david-fleay；Loman Lane和West Burleigh Rd交叉路口，West Burleigh；成人/儿童/家庭$22/10/55；⏱9:00~17:00)

Currumbin Rock Pools　　　游泳

4 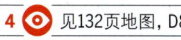 见132页地图，D8

在炎热的夏季，这些天然的游泳洞是很凉爽的地方，到处都是绿草如茵的水岸，孩子们可以在这里跑来跑去，还可以在岩石上跳上跳下。沿Currumbin Creek Rd行驶14公里就能到达海岸。(Currumbin Creek Rd, Currumbin Valley)

就餐

Paddock Bakery　　　面包房 $

 见132页地图，C3

在这座古老迷人的檐板小屋之内，伫立着一个古色古香的燃木烤箱，烤箱烹制出非常不错的面包、羊角面包、格兰诺拉麦片和酥皮糕点。半酵母甜甜圈拥有一部分忠实食客，Nutella面包块（为了裹更多酱，做成球形）同样如此。还有一整套早餐和午餐菜品，以及顶级咖啡和冷榨果汁。(📞0419 652 221；www.paddockbakery.com；Hibiscus Haven, Miami；菜肴 $9~17；⏱7:30~14:30)

Burleigh Social　　　咖啡馆 $

6  见132页地图，C3

这家背街咖啡馆拥有野餐桌就餐区，一大早就有派对氛围。提供格兰诺拉麦片或丰盛的原始饮食早餐（配以羽衣甘蓝、鸡蛋和鳄梨的鲑鱼、培根或火腿），还有精心烹制的澳大利亚咖啡馆美食，例如鳄梨酱、鸡蛋酸面包和培根鸡蛋卷。牛胸肉三明治和蔬菜汉堡都是午餐食品。(2 Hibiscus Haven, Burleigh Heads；菜肴 $12~19；⏱6:00~14:00)

Sparrow Eating House　　　新派澳大利亚菜 $

7 见132页地图，B2

这个单色工业风餐馆线条清晰，带有绿色装饰，虽然不太起眼但是魅力十足，厨房团队热爱本职工作。来这里

> ### ✅ 独家贴士
> **重要建议**
>
> 黄金海岸有几条非常不错的徒步小径。**联邦路**（Federation Walk；www.federationwalk.org）是一条全长3.7公里的秀丽小径，可以带你穿越馥郁芬芳的滨海热带雨林。这条小径与世界上最美丽的冲浪海滩之一平行，其起点和终点都位于海洋世界。途中连接**黄金海岸海滨道**（Gold Coast Oceanway），海滨道延伸36公里通往库尔加塔。

了解当地
黄金海岸的最佳冲浪点

黄金海岸拥有一些全球最长、最空旷、最棒的冲浪点,而且因其稳定性而著称。**Superbank**——一个因水土保持工作而形成的沙洲,从昆士兰州向新南威尔士州延伸2公里,与基拉(Kirra)相接——10多年来,一直拥有越来越棒,甚至越来越频繁的海浪。

斯纳伯岩(Snapper Rocks)位于库尔加塔偏远南部的一个特别高级的冲浪地点。

绿山(Greenmount)经典的海滩冲浪地点,以南向浪涌著称。

基拉 迷人的海滩冲浪地点,大海不常发力,但是一旦发力,异常精彩。

伯利角 需要警惕强劲水流和巨石,不过作为一个完美冲浪点,当然还是适合冲浪的时机更多了。

斯比特沙滩(Spit)黄金海岸北部的中坚力量之一,即使波浪较小,这个多峰的海滩冲浪地点仍然适合冲浪。

品尝休闲午餐,即配以榛子和香草的意面丸;品一杯血橙玛格丽塔鸡尾酒和一些龙舌兰虾;或者喝上一杯小品牌葡萄酒。(☎07-5575 3330; www.sparroweatinghouse.com.au; 2/32 Lavarack Rd, Nobby Beach; 共餐菜肴 $11~22; ⏱周三至周五17:00至午夜,周六和周日 7:00起)

Elephant Rock Café
新派澳大利亚菜、咖啡馆 $$

8 见132页地图, E7

在令人耳目一新、未被开发的库兰宾海滨地区,你会发现这家轻松活泼的双层咖啡馆,夜幕降临后,这片沙滩就会变得异常时尚。在这里不仅能看到大海的美景,还能吃到美味的穆鲁拉巴(Mooloolaba)蟹肉沙拉和"绿色的"意大利调味饭。(☎07-5598 2133; www.elephantrock.com.au; 776 Pacific Pde, Currumbin; 主菜 $28~35; ⏱周二至周六 7:00至深夜,周日和周一 至17:00)

Rick Shores
新派亚洲菜 $$

9 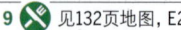 见132页地图, E2

脚踩沙滩的就餐体验通常还不错,这家新开的餐馆烹制新派亚洲菜,提供绝对迎合大众的菜肴,同时善于创新。特点就是美景、附近的海浪声、海风和共享桌上的欢乐气氛。菜品量大,如果单独用餐就是共餐,可以降低菜单价格。(☎07-5630 6611; www.rickshores.com.au; 43 Goodwin Tce, Burleigh Heads; 主菜 $32~52; ⏱周二至周日 正午至23:00)

Justin Lane Pizzeria & Bar 比萨 $$

10 见132页地图, D2

这是伯利角餐饮行业的翘楚之一，目前已经占据一座旧商场的大部分地界。楼上、楼下和大厅内外充满了欢乐的气氛。出类拔萃的比萨、简单而滋味饱满的意大利面食，以及堪称海岸地区最佳的意大利葡萄酒使得这里成为必到之地。(☎ 07-5576 8517; www.justinlane.com.au; 1708 Gold Coast Hwy, Burleigh Heads; 比萨 $19~24; ☉17:00至深夜)

Harry's Steak Bistro 牛排 $$

11 见132页地图, D2

不要看到菜单（牛排配各种酱汁，而且不限量供应薯条）就误以为这是一家连锁餐厅。这是一家弘扬"牛肉、酒和取乐"文化的新潮餐馆，对于制作牛排认真谨慎。每种牛排都标明了农场和产地名称。(☎ 07-5576 8517; www.harryssteakbistro.com.au; 1744 Gold Coast Hwy, Burleigh Heads; 主菜 $20~40; ☉周三和周四 17:00~23:00, 周五至周日 正午至23:00)

Finders Keepers 新派澳大利亚菜 $$

12 见132页地图, D2

这个餐馆昏暗新潮，感觉似乎是从悉尼的Woollahra或墨尔本的South Yarra迁移而来的，但是年轻友好的员工都是纯正本地风范。西班牙小吃融合了精致高雅（鹅肝酱冻糕和水煮扇贝奶油汤）和重视健康的沿海风情（谷物沙拉，以及荞麦鲑鱼和配以海菜黄油酱的时蔬）。(☎ 07-5659 1643; www.finderskeepersbar.com.au; 49 James St; 主菜 $16~29; ☉周二至周五 16:00~22:00, 周六和周日 7:00~23:00)

Glenelg Public House 牛排 $$

13 见132页地图, B1

这家气氛不错的小餐馆充满激情，采用一流食材、娴熟工艺和少量配料。丰富的牛排类型（$22~68, 共餐$80~90）包括本地品种、新西兰和新南威尔士高地的优良品种，以及以青草和谷物饲养的牛类品种。还有"早茶"（early tea）特价晚餐，18:30前供应。(☎ 07-5575 2284; www.theglenelgpublichouse.com.au; 2460 Gold Coast Hwy, Mermaid Beach; 主菜 $22~32; ☉周一至周四 17:00至午夜，周五至周日 正午起)

当地生活

Borough Barista

开放式的小咖啡屋Borough Barista（见132页地图, D1; 14 Esplanade, Burleigh Heads; 主菜 $5~19; ☉5:30~14:30）背景音乐时尚，氛围友好。清晨，同当地冲浪者一起品尝小杯拿铁。冲浪之后，坐在步行小径的座椅之上，吃上一份奇亚籽早餐或早餐沙拉。午餐基本都是富含蛋白质的菜品，有汉堡或大份沙拉。

BSKT Cafe

新派澳大利亚菜 $$

14 见132页地图, B2

这个令人满意的工业风咖啡馆距离海滩只有100米,但是其魅力远远不止于此:这是四个好伙伴在一起想出的创意,他们注重使用有机食材,菜肴和服务远超咖啡馆水准。素食者和原始饮食者将会感到自在。孩子们和瑜伽修习者亦会感到满意,这里提供一个带有围栏的玩耍区以及位于楼上的一所瑜伽学校。(📞07-5526 6565; www.bskt.com.au; 4 Lavarack Ave, Mermaid Beach; 主菜 $10~27; ⊙周一至周四 7:00~16:00, 周五和周六 至22:00, 周日至17:00; 🍴🐾)

> **独家贴士**
>
> ### 咖啡馆的风格
>
> 咖啡馆的营业时间通常会让人感到震惊,很多咖啡馆早在5:00就开门营业,而且几乎所有的咖啡馆都会在7:00前开始营业。这里的美食都能体现出当地的气候和海岸的健身精神。千万不要错过"冲浪者的快乐"——巴西莓碗(Brazilian açaí bowl)——实际上是一层厚厚的冰沙,上面有格兰诺拉麦片或坚果;用澳洲坚果或椰奶制成的冰拿铁;还有一种夏威夷和日本风味相融合的创意菜——腌制的生鱼、大米或藜麦和蔬菜。

饮品

Balter

自酿酒吧

15 见132页地图, D8

当地冲浪明星Mick Fanning(与鲨鱼搏斗的人,真的吗?)以及冲浪界传奇人物Joel Parkinson、Bede Durbidge和Josh Kerr都是这个啤酒坊的合伙人。这个酒吧新近开业、不同凡响,藏身于库兰宾一个工业园后面。可以来此品尝已经声名远播的Balter XPA或者特色酒水,例如德式凯勒皮尔森啤酒(Keller pilsner)。(📞07-5525 6916; www.balter.com.au; 14 Traders Way, Currumbin; 品尝套餐 $12; ⊙周五 15:00~21:00, 周六和周日 13:00~20:00)

Cambus Wallace

鸡尾酒吧

16 见132页地图, B2

这是一家光线昏暗、气氛浓厚、海洋主题的酒吧,吸引了不少外表靓丽、休闲放松的当地人。落座这家酒吧,在惊人的瓶装啤酒和苹果酒单中选择一种,或者试试黄金海岸的经典鸡尾酒(并没有Dark 'n' Stormy,而是包含椰子、酸橙和朗姆酒的Maiden Voyage,真是本地气候的绝配)。(www.thecambuswallace.com.au; 4/2237 Gold Coast Hwy, Nobby Beach; ⊙周二至周四 17:00至午夜, 周五至周日 16:00起)

饮品

Currumbin Rock Pools（见135页）

Burleigh Brewing Company
自酿酒吧

17 见132页地图, A5

和爱喝啤酒的朋友们来这个明亮且充满阳刚气息的地方吧。这里既有现场音乐，也有本地餐车，更不必对外供应伯利啤酒的24个龙头，包括主打啤酒和试饮啤酒。团队游时间为每月中旬的周三，需要通过网站预约。(☏07-5593 6000; www.burleighbrewing.com.au; 17a Ern Harley Dr, Burleigh Heads; 月度团队游 $50; ⊙周三和周四 15:00~18:00, 周五 至20:30, 周日 14:00~20:00)

Black Hops Brewing
自酿酒吧

Black Hops位于Burleigh Social（见6 ❌ 见132页地图, C3）附近的角落里，这里的男孩们营造出热情友好、乐趣十足的氛围，你可以尝试一下多种口味的试饮组合，或者尝尝当前供应的精酿啤酒。共有八种名字富有诗情画意的啤酒可供选择，例如Bitter Fun淡色艾尔啤酒和Flash Bang白色印式艾尔啤酒（IPA）。亦可购买他们提供的瓶装啤酒。(www.blackhops.com.au; 15 Gardenia Grove, Burleigh Heads; ⊙周一至周五 10:00~18:00, 周六 正午至16:00)

当地生活
库尔加塔夜游

到达和离开

Greyhound（☎1300 473 946；www.greyhound.com.au）运营开往布里斯班及其周边地区的汽车，而Premier Motor Service（☎13 34 10；www.premierms.com.au）则提供向北远至凯恩斯（Cairns）的巴士服务。车辆在Wharf St停车。

昆士兰州的南部边境有一座很接地气的海滨小镇，"Coolie"拥有优质的冲浪海滩，包括传奇的Superbank，以及一个紧密团结的、真实的社区，这让它增添了一丝烟火气。沿着木栈道向北，前往基拉角（Kirra Point），你会发现另一片悠长迷人的海滩、有时难以驾驭的海浪，以及备受当地人青睐的、氛围独特的咖啡馆和酒吧。

库尔加塔夜游

❶ 危险角

危险角（Point Danger）的海岬位于库尔加塔（Coolangatta）和特维德角（Tweed Heads）之间，标志着昆士兰州和新南威尔士州的分界点。野兽派的水泥塔是一座使用中的灯塔，它是这个地点（和基本方向）的标志。它曾经是一座激光灯塔，现在是一座稳定的电力灯塔。从海岸的两侧都可以看到迷人的景色。在太阳落下地平线之后，可以前往库尔加塔众多的酒吧和小酒馆。

❷ Eddie's Grub House

这是一个完全老式的摇滚酒吧，播放肮脏蓝调（dirty blues）和最佳摇滚音乐，Eddie's（☏07-5599 2177；www.eddiesgrubhouse.com；171 Griffith St；⊙周二至周四和周日 正午至22:30，周五和周六 至午夜）象征着新黄金海岸风格：独特、讽刺、趣味十足。没错，这里还有美食，Eddie的"潜水酒吧爽心美食"（dive bar comfort food）就很棒。不过，这里的确是一个饮酒、跳舞、聊天和放松的地方（正如他们自己所说）。

❸ Coolangatta Hotel

库尔加塔的夜间场景喧嚣活跃，这个大型的**酒馆**（www.thecoolyhotel.com.au；Marine Pde和Warner St交叉路口；⊙10:00至深夜）是其中心。酒馆位于海滩对面，有以下亮点：现场乐队表演（Grinspoon、The Rubens）、烤香肠活动、撞球比赛、问答之夜、冷知识之夜，还提供非常精美的酒馆菜肴（意大利面和玫瑰红葡萄酒，有人品尝过吗？）。周日的活动尤为隆重。

❹ Bread 'n' Butter

上楼前往**Bread 'n' Butter**（☏07-5599 4666；www.breadnbutter.com.au；76 Musgrave St；小吃 $16~27，比萨 $21~25；⊙17:30至深夜）的阳台，在那里，温馨的灯光和清新的音乐使这个小吃酒吧成为一个非常适合饮酒、品尝木火烤比萨或一些小吃（或者全部三种）的好地方。就连烤箱里的木头都是当地的——来自库兰宾。在周五和周六晚上有DJ表演。

❺ Tupe Aloha

Tipalowe Oberman的**夏威夷风情酒吧**（☏07-5536 4870；www.facebook.com/TupeAloha；1 Musgrave St, Kirra；⊙周一至周四 15:00~23:00，周五至周日 至午夜）摆满了她父亲的艺术品和她祖父的家具。来这里品尝一些墨西哥-太平洋风味的小吃（工作日晚上性价比最高的是炸玉米卷和饮品），期待一下鸡尾酒（没错，人们会打着伞把它们端上来）和DJ表演。

最佳步行游览
中央商务区至南岸

步行

这条悠闲的两小时徒步路线从中央车站出发，沿着布里斯班河，穿过好运桥（Goodwill Bridge）到南岸，途经传统景点和植物园的绿地，以及南岸公园。

起点 中央车站

终点 乔治国干广场

长度 5公里；2小时

吃喝落脚点

参观现代艺术美术馆需要一个多小时的时间，所以休闲随意的GOMA Cafe Bistro（见63页）是一个完美的休息地点。这家室内外咖啡馆出售优质的汉堡、沙拉和现代法式小馆主菜，周末提供早餐和午餐。

❶ 战争纪念馆（Shrine of Remembrance）

穿过中央车站南部的Ann St，前往位于Anzac Sq北部边缘上方优雅的**战争纪念馆**，Anzac Sq上有许多球根状的瓶子树和四处游荡的鹦。

❷ 邮局广场（Post Office Sq）

在广场的南面，登上Adelaide St上方的人行天桥，前往规整的**邮局广场**。这个广场的南端后面是布里斯班雄伟的石造邮政总局（GPO）。

❸ 圣斯蒂芬大教堂（St Stephen's Cathedral）

沿着邮局两翼之间的小巷到达Elizabeth St。穿过马路，进入用白色岩石建造的美丽的**圣斯蒂芬大教堂**。

❹ Eagle St码头（Eagle St Pier）

穿过教堂后面的院子，一直走到Charlotte St，然后左转，穿过Eagle St，到达河上的**Eagle St码头**。

战争纪念馆

中央商务区至南岸　143

❺ 城市植物园

在Edward St和Alice St，绕道穿过**城市植物园**（见46页）。看一眼河流对岸的袋鼠角悬崖，然后绕过Brisbane Riverstage，前往仅限行人通过的好运桥：留心观察一下位于你左侧的昆士兰海洋博物馆里面的HMAS Diamantina。

❻ 南岸公园

从这里出发，向北部进入**南岸公园**（见64页），在那里，你可以在街道沙滩（Street Beach）上放松，乘坐布里斯班摩天轮或游览Stanley St Plaza的商店和咖啡馆。

❼ 现代艺术美术馆

如果你时间充裕，那就绕道去杰出的**现代艺术美术馆**（见62页）。不然的话，就穿过维多利亚桥回到布里斯班市中心。

它就在William St（一条通往George St的不知名的小巷）华丽的Treasury Casino大楼的南面。

❽ 市政厅

继续沿着Albert St，穿过Queen Street Mall，然后从Adelaide St进入乔治国王广场，在那里，高耸的**市政厅**（见42页）的钟塔正在向你招手。

最佳步行游览
布里斯班中部

步行

走完这条布里斯班中部的徒步路线仅需一个小时，但是要预留出半天的时间在城市公园里享受购物和放松。该线路将带你穿过布里斯班中部的一些主要零售商店街道和一些最酷的艺术场所。

起点 罗马街公园

终点 昆士兰科技大学艺术馆

距离 4.5公里

吃喝落脚点

布里斯班中部拥有舒适的咖啡馆，但是Felix for Goodness（见49页）一座难求，那里拥有极具艺术氛围的走廊、工业风格的装饰、浓咖啡和很酷的氛围。附近的另一个选择是Strauss（见49页），提供非常好的咖啡、糕点和极具创意的沙拉、厚厚的切片烤三明治，以及一些经过升级的经典美食，比如柠檬酱和酸奶奶酪法式吐司。

Queen St Mall

❶ 罗马街公园

早晨可以漫步在可爱的**罗马街公园**（见46页），这是世界上最大的亚热带城市花园之一，也是一座令人满意的迷宫。看看Wickham Tce的老风车（Old Windmill）——据说是昆士兰州现存的最古老的建筑（1828年）。

❷ Spring Hill Baths

向北走一小段路就能到达**Spring Hill Baths**（见48页），它是南半球最古老的公共浴池之一，周围环绕着漂亮的木质更衣室。如果你不喜欢泡澡，那就沿着Boundary St向东走，然后向南朝着Anzac Sq走。

❸ Noosa Chocolate Factory

沿着Adelaide St走，进入**Noosa Chocolate Factory**（见56页）品尝一些昆士兰州最好的巧克力。

❹ Metro Arts

沿着Edward St前往**Metro Arts Centre**（见55页），在那里，你可能会看到一些布里斯班极具创意的才艺表演。

布里斯班中部 145

❺ Folio Books

继续沿着Edward St向远处走一点点，就会到达Folio Books（见57页），这里有不拘一格、包罗万象的藏书，主题从堪培拉政治到昆士兰现代主义，再到国际艺术、美食、设计和小说，应有尽有。

❻ Queen St Mall

往回走，然后左转进入Queen St，在那里你会发现布里斯班的零售活动中心Queen St Mall，这是一个繁忙的步行区，街道两旁是购物中心和历史悠久的拱廊、全球的商业街连锁店，以及城市中的两大百货商店。

❼ Jan Powers Farmers Market

如果是周三，你可以在人气很高的Jan Powers Farmers Market（见49页）购买手工食品。

❽ Record Exchange

如果不是周三，请前往Adelaide St上的Record Exchange（见57页），那里有令人震惊的黑胶唱片、CD、DVD、海报和其他摇滚纪念品。

❾ 昆士兰科技大学艺术馆

沿着George St漫步，穿过国会大厦（如果国会开会，14:00有免费的团队游），沿植物园走到昆士兰科技大学的城市校园。进入免费的**昆士兰科技大学艺术馆**（见48页），看看那里正在举办什么展览。

生存指南

出发前	**148**
何时去	148
预订住宿	148
抵达布里斯班和黄金海岸	**149**
布里斯班机场	149
黄金海岸机场	150
当地交通	**150**
自行车	150
船	150
公共汽车	151
小汽车和摩托车	151
出租车	151
火车	152
实用信息	**152**
签证	154
现金	153
折扣卡	152
电源	153
旅游信息	153
营业时间	153
节假日	153
旅行安全	153
厕所	154
紧急情况	154
残障旅行者	154

穿过南岸公园的木栈道（见64页）
PETRONILO G DANGOY JR/SHUTTERSTOCK ©

生存指南

出发前

何时去

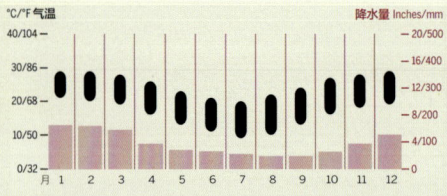

12月至次年2月 布里斯班夏季酷暑难耐，这是在黄金海岸冲浪避暑的理想时段，还可以在户外用餐，或前往许多室内有空调的景点。

5月至8月 天气偏凉（带件夹克），蔚蓝的天空使得你在布里斯班的观光变得更加舒适，但海浪足够温和，可以游泳和冲浪。

9月至11月 春天到来，气候转暖，但不太潮湿，非常适合参与布里斯班和Big-sound节等热门节庆活动。

预订住宿

➡ 布里斯班有各种住宿选择，从传统建筑的豪华套房到独立的公寓和经常举办派对的青年旅舍。一般来说，价格没有淡季旺季之分；摆不定的价格通常会反映出供需关系。在周中，以及在重大活动和节假日期间，价格通常会更高。

➡ 近年来，黄金海岸出现了一些奢华酒店，但只有一个度假村拥有绝对的海滨优势——Sheraton Grand Mirage。沙滩空间紧张导致了其他选择的诞生，在这里你不难看到一种奇特的大型公寓，它们会修建一座距离海滩仅一街之遥的游泳池。几家青年旅舍和几个小露营地同样欢迎背包客的到来。

网络资源

布里斯班游客信息和预订中心 (Brisbane Visitor Information Booking Centre; www.visitbrisbane.com.au) 住宿预订服务。

抵达布里斯班和黄金海岸 149

onely Planet(lonelyplanet.com)建议和预订。

Bed & Breakfast Site(www.babs.com.au)该地区独特的民宿和客栈。

City Hobo(www.cityhobo.com)根据你的个人要求选择理想的街区。

Flatmate Finders(www.flatmatefinders.com.au)长期的共享宿舍清单。

Stayz(www.stayz.com.au)假日租赁。

最佳经济型住宿

Brisbane City YHA(www.yha.com.au)房间漂亮,有干净的床垫、屋顶泳池和美景。

Bowen Terrace(www.bowenterrace.com.au)位于时尚的新农场,是一个宁静、划算的住所。

Bunk Backpackers(www.bunkbrisbane.com.au)在欢乐的佛特谷中,是一个热闹、带有屋顶酒吧的住所。

最佳舒适型住宿

Next(www.snhotels.com/next/brisbane)这是一家时尚、新一代的酒店,内部装修优雅,为前来入住的客人提供时尚的"In Transit"休息室。

Ibis Styles(www.ibisstylesbrisbaneelizabeth.com.au)位于市中心,是一个新建的、清新而欢乐的住宿地点,可以看到河景。

Tryp(www.trypbrisbane.com)街头艺术主题的住宿地点,距离餐馆、酒吧和夜店都很近。

最佳高端住宿

New Inchcolm Hotel & Suites(www.inchcolm.com.au)一家盖茨比时代的酒店,非常时尚。

Spicers Balfour Hotel(www.spicersretreats.com/spicers-balfour-hotel)豪华而小巧的房间或宽敞的套房,位于两座经过修复的漂亮建筑中。

Emporium(www.emporiumhotel.com.au)优雅的住宿地点,活泼的风格,远离布里斯班最受欢迎的"热闹"地带。

Alpha Mosaic Brisbane(www.alphamosaichotelbrisbane.com.au)漂亮的18层酒店,有舒适的特大号床和现代装饰。

最适合家庭

Meriton Serviced Apartments Herschel Street(www.meritonapartments.com.au)在一座高耸的城市塔楼里,有当代的公寓和室内游泳池。

Mantra on Mary(www.mantra.com.au)市中心的公寓,距离城市植物园只有几个街区。

Hotel Urban Brisbane(www.hotelurban.com.au)提供现代化的两室套房,还有游泳池,可以方便出入罗马街公园。

抵达布里斯班和黄金海岸

布里斯班机场

布里斯班机场(Brisbane Airport;www.bne.com.au;Airport Dr)位于市中心东北16公里,是澳大利亚第三繁忙的机场,也是服务布里斯班和昆士兰州东南部的主要国际机场。

它的国际航班和国内航班的航站楼不在一处,相距大约2公里。航站楼之间由Airtrain(☎1800 119 091;www.airtrain.com.au;

成人 单程/往返 $17.50/33）连接，5:00（周末6:00）至22:00每15~30分钟一班（航站楼之间 每位成人/儿童 $5/免费）。

这是一个繁忙的枢纽，国内航班频繁飞往澳大利亚其他首府城市和地方城镇，还有国际直达航班飞往新西兰、太平洋群岛、北美和亚洲，海南航空还有从深圳直飞布里斯班的航班。

黄金海岸机场

黄金海岸机场（Gold Coast Airport; www.goldcoastairport.com.au; Longa Ave, Bilinga）位于库尔加塔，在冲浪者天堂以南25公里处。所有的主要澳大利亚国内航班都飞往这里。**Scoot**（www.flyscoot.com）、**Air Asia**（☎1300 760 330; www.airasia.com）和**Air New Zealand**（☎13 24 76; www.airnewzealand.com.au）的航班从海外飞往这里。

当地交通

布里斯班的公共交通网络（汽车、火车和渡轮）非常出色，由TransLink运营，该公司在罗马街站（布里斯班交通中心）设有一个交通信息中心（Transit Information Centre）。**市中心**旅游局（见44页地图；☎07-3006 6290; www.visitbrisbane.com.au; The Regent, 167 Queen St Mall; ⊙周一至周四 9:00~17:30, 周五 至19:00, 周六 至17:00, 周日 10:00~17:00; ®Central）和**南岸**旅游局（☎07-3156 6366; www.visitbrisbane.com.au; Stanley St Plaza, South Bank; ⊙9:00~17:00; ®South Bank Terminal 3, ®South Bank）也能提供公共交通信息。当地除了公共交通网络以外，还有一个设计巧妙的自行车道网络。

自行车

布里斯班有广泛的自行车道网络以及横跨城市和郊区的共享通道。

布里斯班的自行车共享项目叫作**CityCycle**（☎1300 229 253; www.citycycle.com.au; 出租 30分钟内免费，31分钟到1小时 $2,之后每多30分钟 $5; ⊙24小时）。要想使用它，你需要在网站注册（每天/周 $2/11），然后就可以在市区周围150家租赁点租借自行车（收取额外费用）。租用超过1小时的话价格非常昂贵，因此充分利用每辆车前30分钟的免费时间吧——可以从一个站骑到另一个站，然后换车继续前行。只有四分之一车辆带有头盔（必须佩戴头盔），所以可能需要前往Target或Kmart这样的商店购买一顶头盔。你可以使用你的Go Card租用CityCycle的自行车。

船

CityCat（☎13 12 30; www.translink.com.au; 单程 $5.60; ⊙5:25~23:25）的双体船往返于圣卢西亚（St Lucia）的昆士兰大学和汉密尔顿北海岸（Northshore Hamilton）之间，沿途设有18个渡轮停靠点。方便乘船的站点包括南岸、中央商务区三个停靠点、新农场公园（前往布里斯班发电站）和布雷茨码头（Bretts Wharf; 前往Eagle Street Markets）。5:20直至午夜左右，大约每隔15分钟发船。可以上船购票，或者使用Go Card（如果你有）。

免费的CityHopper渡轮曲折往返于布里斯班河的

当地交通 151

两岸,停靠北码头、南岸、中央商务区、袋鼠角和新农场的Sydney St。这些额外的渡轮班次从6:00左右运营到大约23:00。

TransLink也运营跨河渡轮(Cross River Ferries),往返于袋鼠角和中央商务区之间,以及新农场公园和邻近海岸的诺曼公园(还有特内里费和更北边的Bulimba)。6:00左右至23:00左右,渡轮每隔10~30分钟发船。票价标准/区间划分同布里斯班其他交通工具相同。

更多信息,包括时刻表,见www.brisbaneferries.com.au。

公共汽车

布里斯班的公共汽车网络非常发达,尤其方便到西区、袋鼠角、乌龙戈巴、佛特谷、纽斯特德以及帕丁顿。

在市中心,本地公共汽车的主要车站是地下的乔治王街汽车站和乔治国王广场汽车站。你还可以在Adelaide St搭乘沿途停靠的许多公共汽车,就在George St和Edward St之间。

5:00左右(周六和周日6:00左右)直至23:00左右,公共汽车通常每隔10~30分钟发车。

➡ CityGlider和BUZ在一些繁忙的路线上班次频繁。CityGlider和BUZ不允许上车购票;使用Go Card。

➡ 免费而且随上随下的City Loop和Spring Hill Loop汽车环绕中央商务区和Spring Hill运行,沿途停靠重要地点,例如昆士兰科技大学(简称QUT)、Queen St Mall、城市植物园、中央车站和罗马街公园。工作日7:00~18:00运营,公共汽车每隔10分钟发车。

➡ 布里斯班同时拥有专门夜间运营的NightLink汽车、火车和固定价格出租车服务,出租车使用指定的出租车候客区。发车地点就在本市和佛特谷。登录https://translink.com.au了解详情。

小汽车和摩托车

布里斯班的综合公共交通系统发达,对于大多数游客来说没有自驾游的必要。然而,如果你决定开车,请考虑使用GPS;这座城市错综复杂的街道很快就会让你觉得无计可施。

在中央商务区和近郊许多道路上的停车处,停靠超过两小时会被贴罚单。务必留意停车的标牌,布里斯班的停车管理员可是不留情面的。白天的时候,在南岸和西区停车比在市中心停车便宜,但是工作日的18:00后(周六正午起),中央商务区可以免费停车。更多停车信息,见www.visitbrisbane.com.au/parking。

出租车

市中心设有大量出租车候客区,包括罗马街站、财政部(George St和Queen St拐角处)、Albert St(Elizabeth St拐角处)和Edward St(Elizabeth St附近)。深夜在佛特谷打车可能有些费劲:在Brunswick St和Ann St拐角处的附近有一个出租车候客区,但要做好排长队的准备。出租车行业翘楚就是**Black & White**(☏13 32 22; www.blackandwhitecabs.com.au)和**Yellow Cab Co**(☏13 19 24; www.yellowcab.com.au)。

NightLink一票制出租车周五和周六夜间运营,其专属候客区位于本市的

Elizabeth Street（George St拐角处）和佛特谷的Warner St。

火车

Translink运营的Citytrain网络有6条主要线路，最北可以到达阳光海岸的金皮（Gympie），最南到达黄金海岸的瓦斯特湖（Varsity Lakes）。所有火车都途经罗马街站、中央车站和佛特谷站；还有一个非常方便的南岸车站。

Airtrain（☏1800 119 091；www.airtrain.com.au；成人 单程/往返 $17.50/33）的线路和Citytrain的网络在市中心交会，并且并行于黄金海岸沿线。

火车从4:30左右开始运营，每条线的末班车在23:30至午夜（周五和周六更晚）之间驶离中央车站。在周日，末班车结束于23:00或23:30左右。

单次火车票可在火车站购买，亦可使用**Go Card**（www.translink.com.au/tickets-and-fares/go card；根据出发地点 成人/儿童 $10/5）。

如需查看时刻表和网络地图，登录www.translink.com.au。

实用信息

签证

所有前往澳大利亚的游客都需要签证。

中国公民赴澳旅游需通过VFS GLOBAL（http://www.vfsglobal.cn/Australia/China/）向澳大利亚使馆申请访客签证（600类别）的旅游细类。北京、上海、广州和成都有澳大利亚签证申请中心。申请者可登录VFS网站在线中文填写申请表、上传所需材料及支付签证费用。中文在线填表服务费每个申请人220元，此外申请人需要交纳签证费760元和AVAC服务费193元。

浏览**移民与边境保护局**（Department of Immigration & Border Protection；☏1300 363 263，02-6275 6666；www.border.gov.au）网站可了解签证延期、工作假期签证（417类别）、工作和假期签证（462类别）的相关信息。

现金

➡ 1澳元等于100分。包括5分、10分、20分、50分、1元硬币和2元硬币，5元、10元、20元、50元和100元纸币。

➡ 自动柜员机在布里斯班随处可见。

➡ 大多数酒店、餐馆和咖啡馆都接受信用卡和银联卡。

兑换现金

➡ 在布里斯班机场的国内和国际航站楼都有外币兑换处，自动柜员机可以识别大多数国际信用卡，绝大多数自动柜员机支持用银联卡直接提取澳元。如果想在下班时间兑换货币，Treasury Casino的出纳员每天24小时都在那里。

讨价还价

➡ 讨价还价并不是澳大利亚文化的一部分，但澳大利亚有一种明确的"现金"文化，如果你付现金，而不是用信用卡（这样就可以减轻供应商的部分官方纳税义务），你可能会得到更低的价格。

折扣卡

➡ 全世界的全日制学生都可以使用国际学生身份证（Student Identity Card；www.isic.org），在住宿、交通和各种景点的门票上都有折扣。

实用信息

60岁以上的游客,如果持有某种形式的身份证明,如一张老年人卡(Seniors Card)——详见www.australia.gov.au/content/seniors-card,通常可以在旅游景点和公共交通上获得优惠价格。

电源

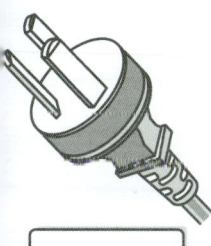

Type I
230V/50Hz

旅游信息

布里斯班游客信息和预订中心(Brisbane Visitor Information & Booking Centre; 见144地图; ☏07-3006 6290; www.visitbrisbane.com.au; The Regent, 167 Queen St Mall; ⏱周一至周四9:00~17:30, 周五至19:00, 周六至17:00, 周日10:00~17:00; ☒Central)是布里斯班主要的旅游信息中心,提供关于景点和活动的信息,还提供住宿预订服务。

你会在**南岸**的河对面发现另一个游客信息中心(☏07-3156 6366; www.visitbrisbane.com.au; Stanley St Plaza, South Bank; ⏱9:00~17:00; ☒South Bank Terminal 3, ☒South Bank)。

营业时间

营业时间有时会因季节而异,但可参考以下时间:

银行 周一至周五 9:30~16:00;一些还在周六9:00至正午营业

酒吧 16:00至深夜

咖啡馆 7:00~17:00

夜店 周四至周六 22:00至次日4:00

邮局 周一至周五 9:00~17:00;一些还在周六9:00至正午营业

小酒馆 11:00至午夜

餐馆 正午至14:30和18:00~21:00

商店 周一至周六 9:00~17:00

超市 7:00~20:00

节假日

新年 1月1日

澳大利亚日(Australia Day)1月26日

复活节(耶稣受难日到复活节后的星期一)3月或4月

澳新军团日(Anzac Day)4月25日

劳动节 5月的第一个周一

女王诞辰日(Queen's Birthday)6月的第二个周一

昆士兰皇家表演日(Royal Queensland Show Day;仅布里斯班)8月的第二个或第三个周三

圣诞节 12月25日

节礼日(Boxing Day)12月26日

旅行安全

➡ 布里斯班是一个相对安全的地方,但要采取合理的预防措施。

➡ 不要把贵重物品留在酒店房间或车上,记得锁门、锁车。

➡ 和所有主要城市一样,天黑后要避开光线昏暗的地区和公园。

➡ 在布里斯班,洪水和猛烈

的暴风雨在生活中时常发生,尤其是在夏季的雨季。注意当地政府的警告。

厕所

➡ 布里斯班的厕所是西式的坐便。

➡ 公共厕所通常是免费的,通常可以在购物中心、百货商店、文化中心以及公园、酒吧、咖啡馆和餐馆里找到。

紧急情况

急救 ☏000

国际直拨号 ☏0011

对方付费 ☏1800-REVERSE(738 3773)

残障旅行者

➡ 布里斯班的城市中心非常适合轮椅,布里斯班市议会(Brisbane City Council,简称BCC)制作了《布里斯班移动地图》(Brisbane Mobility Map)。该地图通常可从**布里斯班市议会客户服务中心**(BCC Customer Services Centre; ☏07-3407 2861; www.brisbane.qld.gov.au; 266 George St; ⊙周一至周五 9:00~17:00; ❏North Quay, ❏Central)和网上获得。

➡ 昆士兰州政府的**残障信息专线**(Disability Awareness Information Line; ☏07-322 8444, 对方付费 1800 17 120)提供关于残疾服务的信息,在整个昆士兰州都可以使用。这条电话线路从周一至周五9:00~17:00开放。

➡ 关于公共交通工具上残疾人通道的信息,请见www.translink.com.au/travel-with-us/accessibility。

➡ 从http://lptravel.to/AccessibleTravel下载免费的《孤独星球》无障碍旅行指南。

幕 后

说出你的想法

我们很重视旅行者的反馈——你的评价将鼓励我们前行,把书做得更好。我们同样热爱旅行的团队会认真阅读你的来信,无论表扬还是批评都非常欢迎。虽然很难一一回复,但我们保证将你的反馈信息及时交到相关作者手中,使下一版更完美。我们也会在下一版特别鸣谢来信读者。

请把你的想法发送到**china@lonelyplanet.com.au**,谢谢!

请注意:我们可能会将你的意见编辑、复制并整合到Lonely Planet的系列产品中,例如旅行指南、网站和数字产品。如果不希望书中出现自己的意见或不希望提及你的名字,请提前告知。请访问lonelyplanet.com/privacy了解我们的隐私政策。

声明

封面图片:冲浪者天堂海滩,Andrew Watson/AWL。

第4页插图布里斯班海岸边的都市风光由Andrey Orekhov/500px提供。

本书部分地图由中国地图出版社提供,其他为原书地图,审图号GS(2018)5662号。

关于本书

这是Lonely Planet《布里斯班和黄金海岸》口袋指南约第1版。本书的作者为:保罗·哈丁,克里斯蒂安·博内毛,唐娜·惠勒。

本书为中文第一版,由以下人员制作完成:

项目负责	关媛媛
项目执行	丁立松
翻译统筹	肖斌斌
翻译	李高飞
内容策划	郭 瑶(本土化)
	涂 识
视觉设计	李小棠 刘乐怡
协调调度	沈竹颖
责任编辑	于佳宁
特约编辑	薛 平
地图编辑	马 珊
制 图	刘红艳
流 程	孙经纬
终 审	朱 萌
排 版	北京梧桐影电脑科技有限公司

感谢洪良、罗霄山对本书的帮助。

索引

另见子索引
- 😊 就餐 见157页
- 🍷 饮品 见158页
- ⭐ 娱乐 见158页
- 🛍 购物 见159页

A

Australian Cinémathèque 澳大利亚电影馆 63

Australian Kayaking Adventures 澳大利亚皮划艇探险 126

B

Brisbane Botanic Gardens 布里斯班植物园 59

Brisbane Powerhouse 布里斯班发电站 100~101

Brisbane Riverside Markets 布里斯班河畔市场 49

Brisbane Riverwalk 布里斯班河边大道 106

C

City Botanic Gardens 城市植物园 46

City Hall 市政厅 46

景点 000
地图页码 **000**

42~43

Commissariat Store Museum 军需储备博物馆 47

Coolangatta 库尔加塔 140·141, **140**

Currumbin Wildlife Sanctuary 库兰宾野生动物保护区 134

D

D'Aguilar National Park 德阿吉拉尔国家公园 58~59

David Fleay Wildlife Park 大卫弗莱野生动物园 134

Dreamworld 梦幻世界 121

E

Edwina Corlette Gallery 埃德温娜·科莱特画廊 105

F

Federation Walk 联邦路 135

Fireworks Gallery 烟花美术馆 105

G

Gallery of Modern Art 现代艺术美术馆 62~63

Gold Coast Oceanway 黄金海岸海滨道 135

Greenmount 绿山 136

I

Institute of Modern Art 现代美术学院 87

J

James St Cooking School 詹姆士街烹饪学校 87

James Street Market 詹姆士街市场 87

K

Kangaroo Point 袋鼠角 112~121, **114**

Kangaroo Point Cliffs 袋鼠角悬崖 119

Kirra 基拉 136

M

Main Beach 主海滩 122~129, **124~125**

Movie World 电影世界 121

N

Nepalese Peace Pagoda 尼泊尔和平塔 65

New Farm 新农场 98~111, **102**, **104**

New Farm Park 新农场公园 103

O

Old Government House 旧政府大楼 46

P

Parliament House 国会大厦 46

Point Danger 危险角 141

Post Office Sq 邮局广场 142

Q

Queensland Art Gallery 昆士兰美术馆 71

Queensland Cultural Centre 昆士兰文化中心 70

Queensland Maritime Museum 昆士兰海洋博物馆 71

Queensland Museum & Sciencentre 昆士博物馆和科学中心 70~71

QUT Art Museum 昆士兰科技大学艺术馆 48

R

Roma Street Parkland 罗马街公园 46

S

Sea World 海洋世界 121

SkyPoint Observation Deck 天际观景台 126

Snapper Rocks 斯纳伯岩 136

South Bank 南岸 60~81, **66, 68-69, 143**

South Bank Parklands 南岸公园 64~65

Spit, the 斯比特海滩 136

St John's Cathedral 圣约翰大教堂 47

St Stephen's Cathedral 圣斯蒂芬大教堂 142

Streets Beach 街道海滩 65

Surfers Paradise 冲浪者天堂 122~129, **124~125**

V

Village Markets 乡村市场 134

W

Wet'n'Wild 水上乐园 121

Wheel of Brisbane 布里斯班摩天轮 65

Whitewater World 激浪世界 121

✖ 就餐

1889 Enoteca 117

A

AJ Vietnamese Noodle House 50

B

Bacchus 73
Baker's Arms 116
Balfour Kitchen 107
Bar Alto 109
Bar Chico 127
Beach Burrito Company 73, 88
Ben's Burgers 88
Billykart West End 74
Borough Barista 137
BSKT Cafe 138
Bumbles Café 128
Burleigh Social 135

C

Catbird Seat Bistro 117
Cha Cha Char 51
Chouquette 102
Cliffs Cafe 116

D

Double Shot 106~107

E

E'cco 90
Elephant Rock Café 136
Esquire 51~52

F

Felix for Goodness 49
Finders Keepers 137

G

Gauge 73
Glenelg Public House 137
GOMA Cafe Bistro 63
GOMA Restaurant 75
Greenglass 50

H

Hanaichi 51
Harry's Steak Bistro 137
Himalayan Cafe 108

J

Julius 74
Justin Lane Pizzeria & Bar 137

K

Kiss the Berry 73

L

Les Bubbles 89
Little Greek Taverna 74
Little Loco 106
Longtime 89

M

Madame Rouge 91
Miel Container 49
Morning After 72

N

New Farm Confectionery 106
Nodo Donuts 88

P

Paddock Bakery 135
Pearl Cafe 117
Peter's Fish Market 126
Pier 127
Plenty West End 72
Providore 127

R

Rick Shores 136

S

Sea Fuel 74
Sorellina 117
Sourced Grocer 103
Stokehouse Q 75
Strauss 49

索引

T
Tinderbox 90

U
Urbane 51

V
Vie Bar & Restaurant 127~128

W
Watt 108
Wilde Kitchen 107

🍷 饮品

A
APO 91
Archive Beer Boutique 77

B
Balter 138
Beergarden 129
Bitter Suite 110
Black Coffee Lyrics 128
Black Hops Brewing 139
Blackstar Coffee Roasters 67
Bowery 93
Bread 'n' Butter 141
Breakfast Creek Hotel 94

Brooklyn Standard 52
Burleigh Brewing Company 139

C
Cambus Wallace 138
Canvas Club 118
Catchment Brewing Co 67
Cloudland 92
Cobbler 76
Coffee Anthology 52
Coolangatta Hotel 141
Coppa Spuntino 54
Cru Bar & Cellar 93

D
Death Before Decaf 109

E
Eddie's Grub House 141
Eleven 91
Elixir 93
Elsewhere 128
End, the 77

F
Family 92

G
Gerard's Bar 91
Gertie's Bar & Lounge 110
Green Beacon Brewing Co 109
Gresham Bar 53

H
Holey Moley Golf Club 92

J
John Mills Himself 53
Jungle 77

K
King Arthur Cafe 84

L
Lefty's Old Time Music Hall 54
Lychee Lounge 77

M
Maker 76
Mr & Mrs G Riverbar 54

N
Nant 52
Newstead Brewing Co 110

S
Sazerac Bar 54
Southport Surf Lifesaving Club 128~129
Story Bridge Hotel 118
Super Whatnot 52

T
Triffid, the 109
Tupe Aloha 141

W
Wickham Hotel 94

Woolly Mammoth Alehouse 92

⭐ 娱乐

Arts Centre Gold Coast 黄金海岸艺术中心 129
Beat MegaClub 95
Ben & Jerry's Openair Cinemas 78
Brightside 96
Brisbane Convention & Exhibition Centre 布里斯班会议展览中心 79
Brisbane Jazz Club 119
Crowbar 95
Gabba, the 119
Judith Wright Centre of Contemporary Arts 朱迪丝·赖特当代艺术中心 95
Lock 'n' Load 78
Max Watt's House of Music 78
Metro Arts Centre 55
Moonlight Cinema 110
New Farm Six Cinemas 110
Paddo Tavern 56
Palace Centro 95
Queensland Conservatorium 78
Queensland Performing Arts

景点 000
地图页码 000

购物

Centre 昆士兰表演艺术中心 77
QUT Gardens Theatre 昆士兰科技大学花园剧院 56
Riverstage 55
South Bank Cineplex 79
Underground Opera 54

🛍 购物

Archives Fine Books 56
Avid Reader 81
Boundary Street Markets 81
Butter Beats 97
Camilla 96
Collective Markets South Bank 81
Commercial Road Antiques 111
Davies Park Market 戴维斯公园市场 66
Dogstar 57
Fallow 96
Finders Keepers Markets 57
Folio Books 57
Gasworks Plaza 111
Gourmet Farmers Market 美食农贸市场 129
Jet Black Cat Music 67
Junky Comics 67
Libertine 85
Maiocchi 56
Marina Mirage 129
Miss Bond 85
Noosa Chocolate Factory 56
Outpost 85
Record Exchange 57
Scrumptious Reads 85
Title 81
Tym Guitars 97
Where the Wild Things Are 80
Woolloongabba Antique Centre 乌龙戈巴古玩中心 119
Young Designers Market 79

记事本

记事本

记事本

记事本

记事本

我们的故事

一辆破旧的老汽车,一点点钱,一份冒险的感觉——1972年,当托尼(Tony Wheeler)和莫琳(Maureen Wheeler)夫妇踏上那趟决定他们人生的旅程时,这就是全部的行头。他们穿越欧亚大陆,历时数月到达澳大利亚。旅途结束时,风尘仆仆的两人灵机一闪,在厨房的餐桌上制作完成了他们的第一本旅行指南——《便宜走亚洲》(Across Asia on the Cheap)。仅仅一周时间,销量就达到了1500本。Lonely Planet从此诞生。

现在,Lonely Planet在都柏林、富兰克林、伦敦、墨尔本、奥克兰、北京和德里都设有公司,有超过600名员工及作者。在中国,Lonely Planet被称为"孤独星球"。我们恪守托尼的信条:"一本好的旅行指南应该做好三件事:有用、有意义和有趣。"

我们的作者

保罗·哈丁(Paul Harding)

作为一名作家兼摄影师,保罗在过去20年的大部分时间里都在周游世界,他对于偏远而另类的地方和文化非常感兴趣。他是《印度》《冰岛》《伊朗》《印度尼西亚》《新西兰》以及他的家乡《澳大利亚》等50多个国家和地区的Lonely Planet指南的作者和撰稿人。

克里斯蒂安·博内托(Cristian Bonetto)

克里斯蒂安已经为Lonely Planet撰写了30多本旅行指南,包括《纽约》《意大利》《威尼斯和威尼托》《那不勒斯和阿马尔菲海岸》《丹麦》《哥本哈根》《瑞典》和《新加坡》。旅行之外的时间,这位剧作家和电视编剧会在他深爱的家乡墨尔本品尝浓咖啡。

唐娜·惠勒(Donna Wheeler)

唐娜为Lonely Planet撰写旅行指南已经有10年的时间了,包括《意大利》《挪威》《比利时》《非洲》《突尼斯》《阿尔及利亚》《法国》《奥地利》和《墨尔本》。在体验了编辑、创意总监、数字制作人和内容策划师等不同的职业生涯后,她成了一名旅行作家。

布里斯班和黄金海岸

中文第一版

书名原文：*Pocket Brisbane & the Gold Coast*
（1st edition, Nov 2017）
© Lonely Planet 2018
本中文版由中国地图出版社出版

© 书中图片由图片提供者持有版权，2018

版权所有。未经出版方许可，不得擅自以任何方式，如电子、机械、录制等手段复制，在检索系统中储存或传播本书中的任何章节，除非出于评论目的的简短摘录，也不得擅自将本书用于商业目的。

图书在版编目（CIP）数据

布里斯班和黄金海岸／澳大利亚 Lonely Planet 公司编；李高飞译. -- 北京：中国地图出版社，2018.11
（口袋指南）
书名原文：Pocket Brisbane & The Gold Coast
ISBN 978-7-5204-0825-7

Ⅰ.①布… Ⅱ.①澳…②李… Ⅲ.①旅游指南－澳大利亚 Ⅳ.①K961.19

中国版本图书馆 CIP 数据核字（2018）第 270379 号

出版发行	中国地图出版社
社　　址	北京市白纸坊西街3号
邮政编码	100054
网　　址	www.sinomaps.com
印　　刷	北京华联印刷有限公司
经　　销	新华书店
成品规格	106mm×153mm
印　　张	5.75
字　　数	183 千字
版　　次	2018 年 11 月第 1 版
印　　次	2018 年 11 月北京第 1 次印刷
定　　价	56.00 元
书　　号	ISBN 978-7-5204-0825-7
审 图 号	GS（2018）5662 号
图　　字	01-2018-5259

如有印装质量问题，请与我社发行部（010 83543956）联系

虽然本书作者、信息提供者以及出版者在写作和出版过程中全力保证本书质量，但是作者、信息提供者以及出版者不能完全对本书内容之准确性、完整性做任何明示或暗示之声明或保证，并只在法律规定范围内承担责任。

Lonely Planet 与其标志系 Lonely Planet 之商标，已在美国专利商标局和其他国家进行登记。不允许向零售商、餐厅或酒店等商业机构使用 Lonely Planet 之名称或商标。如有发现，急请告知：lonelyplanet.com/ip。